SIMONE KERN

WILD & BUNT

Naturnahe Gärten mit heimischen Pflanzen gestalten

KOSMOS

INHALT

Bei den genannten Personenbezeichnungen wird jeweils nur die männliche Form, zum Beispiel Gärtner statt Gärtner*in, verwendet. Das Buch wird dadurch leichter lesbar. Bitte haben Sie dafür Verständnis.

NATUR IM GARTEN

Eigentlich kann ich mich nur über mich selbst wundern. Von Kindheit an war ich immer viel draußen. Ich durchstreifte die Umgebung, wo wir wohnten, machte sehr zum Missfallen meiner Mutter am nahe gelegenen Fluss Entdeckungstouren, half den Eltern im Garten oder ging mit der ganzen Familie am Wochenende zum Wandern. Meine Eltern brachten mir die Natur nahe und weckten in mir die Liebe zu ihr. Zugleich zeigten sie mir auch, wie welcher Baum hieß, welche Blume blühte oder welcher Schmetterling da flatterte. Meist hatten wir beim Wandern Bestimmungsbücher dabei. Die Freude an Naturräumen, Flora und Fauna blieb mir erhalten. Ebenso die Faszination, mit welchen Strategien Wildpflanzen an den unmöglichsten Orten überleben können.

Später machte ich eine Ausbildung als Landschaftsgärtnerin und studierte. Eines meiner Lieblingsfächer war Pflanzenkunde. Doch nun ging es um Zierpflanzen, schier unendliche Sorten und Arten aus aller Herren Ländern. Mit diesen wurden komplizierte Pflanzkonzepte erstellt. Heimische Wildpflanzen waren darunter jedoch kaum zu finden. Als seien es zwei unterschiedliche Welten, tauchten diese in den Pflanzungen praktisch nicht auf. Das wäre vielleicht auch gar nicht so schlimm, wenn sich draußen in der freien Landschaft inzwischen nicht etwas verändert hätte: nämlich ein massiver Rückgang der Artenvielfalt. Viele Wildpflanzen sind durch die Intensivierung der Landwirtschaft verschwunden, und damit fehlt Tieren ihre Lebensgrundlage. Ich begann mich immer mehr damit auseinanderzusetzen, wie ich durch meine Gartenplanungen mit welchen Pflanzen Insekten oder Vögeln am besten helfen konnte. Und das Rezept dazu lag direkt vor der Tür: in der Verwendung heimischer Wildpflanzen und der Nachahmung natürlicher Strukturen. Und es funktioniert! Auf diese Art und Weise bieten wir Tieren Lebens- und Nahrungsraum im eigenen Garten und können diese beobachten.

Doch dabei blieb es nicht. Als Gestalterin veränderte sich auch meine Planungsästhetik. Insbesondere bei der Kombination von Stauden entnehme ich diese nun natürlichen Pflanzbildern. Wie oft stehe ich voller Respekt beim Wandern in den Bergen vor einer Hochstaudenflur oder mageren Wiesen und erfreue mich an deren Schönheit. Solche Bilder sind Inspiration, welche ich auf Gartensituationen uminterpretiere. Und noch etwas „passierte" durch die Verwendung wilder Stauden: Ich stellte fest, wie robust und gesund diese sind. Denn es gibt einen großen Fundus an trockenheitsverträglichen Arten, welche in der Natur an Extremstandorten wachsen – im Hinblick auf den Klimawandel eine Antwort.

Und letztendlich macht es einfach Spaß, immer mal wieder Samen zu sammeln, diese im eigenen Garten auszustreuen, zu beobachten, wie sich daraus artenreiche, attraktive Wildpflanzungen entwickeln und bunte Blüten von vielen Insekten besucht werden.

Simone Kern

WISSENSWERTES VORNEWEG

— *Ausgangslage & Hintergründe*

SEHNSUCHTSORT NATUR

Natur wurde und wird je nach Gesellschaftsordnung oder Zeit unterschiedlich interpretiert. So sind beispielsweise auf historischen Malereien paradiesische Traumwelten zu sehen, wo Menschen und Tiere in üppiger Landschaft friedlich zusammenleben.

Je naturferner, technischer und digitaler unsere Umgebung wird, desto größer scheint der Wunsch nach einer greifbaren und analog erlebbaren Welt zu sein. Auf Reisen suchen wir „unberührte“ Plätze, geschützte Naturräume und Nationalparks. Und im urbanen Raum und auf städtischen Grünflächen wird ganz bewusst immer mehr Wildheit zugelassen.

ARTENSCHWUND UND KLIMAWANDEL

Der durch den Menschen gemachte Druck auf die Natur zeigt aktuell nicht mehr zu leugnende Auswirkungen. Die weltweite Intensivlandwirtschaft mit Insektizid- und Herbizideinsätzen führt zu einem extremen Rückgang an Wildpflanzen und Tieren. Bautätigkeiten und massiver Flächenverbrauch zerstören wichtige natürliche Lebensräume. Der im Mai 2019 veröffentlichte Bericht des Weltbiodiversitätsrates IPBES lieferte hierfür klare Aussagen: Drei Viertel der Naturräume an Land wurden vom Menschen erheblich verändert, von den geschätzt acht Millionen Tier-, Pflanzen- und Pilzarten sind weltweit rund eine Million vom Aussterben bedroht, mit steigender Tendenz. Aber auch der Klimawandel und damit die im globalen Durchschnitt steigenden Temperaturen führen zu einem starken Verlust an Biodiversi-

Artenreiche Wildpflanzungen sind nicht nur schön, sie unterstützen zudem viele Tiere wie Wildbienen.

Wilde Stadtnatur bietet Menschen Erholungsraum.

EINFLUSS DER KLIMAERWÄRMUNG AUF WILDBIENEN

Viele Wildbienen sind nicht nur auf eine Pflanzenart spezialisiert, sie sind auch auf deren Blühzeitpunkt angewiesen. Im Laufe der Evolution haben sich diese Insekten in ihrer Entwicklung dem Rhythmus der Blütenpflanzen angepasst. Genau zu der Zeit, wenn Wildbienen für ihre Brut Pollen finden müssen, sind auch die richtigen Blüten da. Als Folge der Klimaerwärmung verschieben sich kurzfristig Blühzeitpunkte, was damit für die wilden Immen zum Problem wird.

tät – insbesondere bei Pflanzen, welche sich nicht schnell genug an die Klimaveränderungen anpassen können.

STADTNATUR – NATUR VOR DER HAUSTÜR

Mit all diesem Wissen und den Informationen im Hintergrund verwundert es nicht, dass immer mehr Menschen etwas tun möchten, um diesem Szenario etwas entgegenzusetzen. Dies beginnt bei Konsumverhalten und Mobilität, geht über Nahrungsmittel und Ernährung, bis hin zum aktiven Einsatz bei Umweltprojekten. Aber auch Flächen und Bereiche, welche bis vor einigen Jahren klassisch gärtnerisch gepflegt und gestaltet wurden, werden immer mehr unter dem Aspekt der Förderung von Biodiversität umgewandelt oder angelegt. So haben sich viele Städte und Kommunen in Deutschland zu einem Bündnis zum Erhalt der biologischen Vielfalt zusammengeschlossen und gehen mit gutem Beispiel voran. Sie legen artenreiche Pflanzungen und standortgerechte Wiesen an, lassen Stauden auch mal über den Winter stehen, verwenden immer mehr Wildpflanzen – kurzum: gewähren der Natur in der Stadt immer mehr Raum. Vielleicht dadurch bestärkt und ermutigt, entscheiden sich immer häufiger auch Gartenbesitzer für die Anlage eines naturnahen Gartens mit vielen Wildpflanzen. Somit können sie Natur und Tiere direkt vor der eigenen Haustür beobachten und erleben.

NATUR UND LEBENDIGKEIT FÜR UNSER WOHLBEFINDEN

Bevor nun allerdings auf die Verwendung von Wildpflanzen und deren Nutzen für den Arterhalt eingegangen wird, soll hier noch ein für den Menschen nicht zu unterschätzender Aspekt beleuchtet werden, nämlich unsere Gesundheit. Naturräume bewirken eine Erholung von geistiger Ermüdung und Stress. Der Aufenthalt in naturnahen Parkanlagen und artenreichen Gärten mit der Möglichkeit zum Naturerlebnis führt nachweislich zu einer Abnahme von Kopfschmerzen und Unwohlsein. Sogar die Konzentrationsfähigkeit wird gesteigert, wie Studien zeigen. Im Allgemeinen hat also Natur auch eine gesundheitsfördernde Wirkung.

HEIMISCHE PFLANZEN ALS LÖSUNG?

Mit artenreichen und standortgerechten Wildstaudenpflanzungen fördern wir die Biodiversität vor unserer Haustür. Diese Pflanzen kommen außerdem gut mit den klimatischen Veränderungen zurecht.

ANTWORT AUF DEN KLIMAWANDEL

Heimische Pflanzen haben eine erstaunlich weite Standortamplitude. Das bedeutet, dass eine Staude, welche laut Lehrbuch beispielsweise auf feuchtem Boden wächst, in der Realität auch Trockenheit vertragen kann. Diese Eigenschaften haben Wildarten über Jahrhunderte entwickelt. Gärtnerische Züchtungen können auf diesen Erfahrungsschatz nicht zurückgreifen. Zudem sind Wildstaudenpflanzungen im Garten per se sehr vielfältig. Das kann auch mal bedeuten, dass eine Art wieder verschwindet, wenn es doch zu trocken wird und der Standort letztendlich nicht passt. Dies wird aber dem Gesamteindruck der Pflanzung keinen Abbruch tun, denn dann werden sich andere Arten durchsetzen. Das Konzept heimischer Pflanzkombinationen ist, dass sie ohne viel menschliche Hilfe auskommen und funktionieren. Damit sind sie klimaresilient und schonen den Wasserverbrauch.

DIE NAHRUNGSPYRAMIDE

Wie schon erwähnt, befinden wir uns in einer Zeit mit signifikantem Artenverlust, auch in Deutschland. Dies betrifft sowohl Flora als auch Fauna. Beide sind voneinander abhängig bzw. bedingen einander. Und Nahrung bildet für jedes Leben die Basis: Pflanzenfressende Tiere benötigen die richtigen Gewächse, und räuberische Tiere vertilgen wiederum manche Pflanzenfresser. Vereinfacht dargestellt bildet damit die Pflanzenwelt die Grundlage für die Nahrungspyramide. Fällt in dieser Abfolge etwas aus oder weg, haben die nachfolgenden Arten ein Futterproblem, was bis hin zum Aussterben führen kann.

WAS DER BAUER NICHT KENNT, FRISST ER NICHT …

Möchten wir etwas für unsere heimische Tierwelt tun, so müssen wir mit den richtigen Pflanzen ein Nahrungsangebot schaffen. Heimische Wildpflanzen sind hierfür die erste Wahl. So sind Früchte von Wildgehölzen wie der Vogelbeere

Blut-Weiderich verträgt sowohl feuchte als auch trockene Standorte.

(Sorbus aucuparia) oder der Vogel-Kirsche *(Prunus avium)* Vögeln wie der Amsel wichtiges Futter. Schnell spricht es sich in einer Vogelkolonie herum, wo ein Baum mit süßen, reifen Früchten steht – und genauso schnell ist er leer gefressen. Doch gibt es auch Gartensträucher wie den Liebesperlenstrauch *(Callicarpa bodinieri)* mit wunderschönem Beerenschmuck, welcher weder im Herbst noch im Winter, wo viele Tiere dringendst versorgt werden müssten, gefressen wird. Und so zieren seine lilafarbenen Früchte während der kalten Jahreszeit den Garten, bis sie dann im Frühling einfach abfallen – ohne jemals auch nur einem Tier von Nutzen gewesen zu sein. Nun drängt sich die Frage auf, warum diese doch sehr ansehnlichen Beeren nicht von Drossel und Co. als Winterfutter gefressen werden. Die Antwort ist ganz einfach: Weil dieses Gehölz aus China stammt, unsere Vogelwelt es somit schlicht nicht kennt und damit meidet.

Glockenblumen-Scherenbiene

ENG VERKNÜPFT – BLÜTEN UND INSEKTEN

Durch die Verwendung ganz bestimmter Wildblütenpflanzen im Garten können wir dementsprechend blütenbesuchende Insekten anziehen und beobachten, sozusagen „Tiere pflanzen".

Amseln lieben im Winter Vogelbeeren, jedoch nur die Früchte der heimischen Art.

Denn durch über Jahrtausende währende Koevolution, der parallelen Entwicklung von Blühpflanzen und Insekten, entstand eine gegenseitige Abhängigkeit. So werden Insekten zunächst durch Duft oder Farbe auf die Blüten gelockt. Auch der süße Nektar im Blütenschlund ist Anreiz, diesen aus der Tiefe zu saugen. Wildbienen sammeln zudem für ihre Nachkommen proteinreichen Pollen als Futter ein. Und während das Insekt auf der Blüte zugange ist, bestäubt es diese – ohne es zu bemerken. Somit können sich dann Früchte oder Samen bilden, um wiederum für den Arterhalt der Pflanze zu sorgen.

WILDBIENEN – SELTENE SPEZIALISTEN

Die gemeinsame Entwicklung von Blüten und Insekten geht oftmals so weit, dass bestimmte Wildbienen nur und ausschließlich auf den für sie passenden Wildpflanzen anzutreffen sind. Und da diese Bienenarten regionale Naturräume bewohnen, müssen auch die dazugehörigen Gewächse heimisch sein. Ein schönes Beispiel hierfür ist die Glockenblumen-Scherenbiene. Wie ihr Name schon sagt, ist sie an Glockenblumen gebunden. Denn sie sammelt für ihre Brut ausschließlich von deren Blüten die weißen Pollen. Möchte man also diese spezialisierte Wildbiene fördern und erleben, braucht es im Garten die passende Wildstaude.

01

02

AB WANN IST EINE PFLANZE HEIMISCH?

Überall auf der Welt, wo pflanzliche Vegetation möglich ist, waren und sind Wildpflanzen zu Hause. In vielen Regionen wurden diese allerdings durch den Menschen zurückgedrängt oder sind ganz verschwunden. Wildpflanzen wachsen in ihrer angestammten Umgebung unter ganz bestimmten Umweltbedingungen, an die sie sich durch eine Jahrmillionen dauernde evolutionäre Entwicklung angepasst haben – ganz ohne menschliches Zutun wie Zucht. Dieser Prozess ist im Übrigen noch nicht abgeschlossen.
Wildpflanzen im Garten standortgerecht zu verwenden, ist sicherlich ein erster Schritt. Aber was tun, wenn eine Pflanze aus Amerika stammt? Dann erreichen wir zwar gestalterisch einen attraktiven, natürlichen Charakter, aber mit hoher Wahrscheinlichkeit werden viele unserer Wildtiere mit dieser Pflanze wenig anfangen können. Also müssen wir den Radius verkleinern und regionalisieren, um mit den richtigen, heimischen Wildpflanzen auch die Fauna vor Ort zu erreichen und zu fördern.

VON INDIGENEN, AUTOCHTHONEN UND ENDEMISCHEN PFLANZEN

Wenn wir uns mit Wildpflanzen beschäftigen und deren Nutzen für die heimische Tierwelt verstehen wollen, kommen wir um ein paar Hintergrundinformationen nicht herum. Das Wort „indigen“ kennt man eher im Zusammenhang mit Urvölkern. Aber auch Pflanzensippen, die in einem bestimmten Gebiet aktuell heimisch sind, werden als indigen bezeichnet. Noch ein weiterer Begriff umschreibt den nahezu gleichen Sachverhalt: autochthone Arten. Auch hier sind Pflanzen gemeint, welche sich in ihrem jetzigen Verbreitungsgebiet entweder entwickelt haben oder dorthin beispielsweise im Zuge von klimatischen Verschiebungen ohne menschlichen Einfluss eingewandert sind. Ganz speziell sind endemische Pflanzen. Diese haben sich zu einer eigenständigen Art entwickelt, welche ausschließlich in einer ganz bestimmten Region vorkommen, beispielsweise am Monte Baldo. Dieser Berg ragte während der Eiszeiten immer aus der Eisdecke heraus. Er war damit Rückzugsort für Flora und Fauna, die dort als Relikte bis heute überleben konnten oder infolge der Isolation neue, endemische Arten bildeten.

03

04

ARCHÄOPHYTEN UND NEOPHYTEN – EIN BLICK IN DIE GESCHICHTE

Auch wenn Pflanzen im ersten Moment statisch wirken, seit es sie auf der Erde gibt wurden und werden diese immer wieder auf natürliche Art und Weise verbreitet. So können Wurzelteile von Flüssen mitgerissen werden und sich an anderer Stelle wieder etablieren. Oder der Wind verbläst feine Samen. Tiere tragen vor allem über längere Distanzen zur Verbreitung bei, sei es, wenn Saatgut sich in deren Fell klettet oder Kerne gefressener Früchte wieder ausgeschieden werden. Doch erst mit dem Menschen hat sich dieser Prozess beschleunigt. Zunächst wurden durch Ackerbau und Viehzucht ab der Jungsteinzeit heute weit verbreitete Ackerwildkräuter wie der Klatschmohn oder die Kornblume eingeschleppt. Aber auch die Römer – sei es gewollt oder ungewollt – veränderten unsere Flora und brachten beispielsweise das Acker-Löwenmaul oder die Saat-Wucherblume aus dem Mittelmeerraum nach Mitteleuropa mit. Viele dieser Ackerwildpflanzen sind mittlerweile durch die Intensivierung der Landwirtschaft vom Aussterben bedroht. Generell laufen diese Alteinwanderer unter dem Begriff „Archäophyten" und werden heute als Teil des heimisch-natürlichen Ökosystems betrachtet. Mit der Entdeckung Amerikas 1492 wurde alles anders. Denn mit dem nun aufkommenden globalen Verkehr sind bis dahin unüberwindliche, natürliche Ausbreitungsbarrieren wie Meere aufgehoben worden. Und so kamen aus fernsten Regionen unzählige neue Nutz-, aber auch Wildpflanzen bei uns an. Und einige davon etablierten sich nachhaltig in ihrem neuen, mitteleuropäischen Lebensraum. Diese werden als „Neophyten" bezeichnet. Da sie ohne große natürliche Feinde sind, verdrängen viele dieser Arten die heimische Flora – sie sind invasiv. Zudem spielen sie für die hiesige Tierwelt eine untergeordnete Rolle.

01 *Auf dem norditalienischen Berg Monte Baldo finden sich viele endemische Pflanzen, die es nur hier gibt.*

02 *Die Wulfenie (Wulfenia carinthiaca) kommt im Alpenraum nur auf einem kleinen Gebiet in Kärnten vor.*

03 *Die Vielblättrige Lupine hat ihren Ursprung in Nordamerika und zählt in Europa zu den invasiven Neophyten.*

04 *Die Kanadische Goldrute ist invasiv, aber eine gute Bienenweide.*

SURVIVAL OF THE FITTEST

Egal ob heimisch oder aus der Ferne, wilde Pflanzenarten wachsen und gedeihen in der Natur ohne menschliche Hilfe. Diese sogenannten Ursprungsarten haben sich über lange Zeiträume bestens an ihre Lebensräume gewöhnt. Dort zeichnen sich diese durch hohe Robustheit und Reproduktionsfähigkeit aus. Die Erklärung hierfür liefern Anpassungen an die Umwelt und natürliche Selektion (Charles Darwin: The Origin of Species by Means of Natural Selection). Holen wir diese Wildpflanzen in unsere Gärten und setzen sie an passende Standorte, behalten sie ihre Eigenschaften und Vorteile, aber auch ihre Ansprüche. Bei der botanischen Benennung erkennt man im Normalfall eine Ursprungsart in dem Artnamen, der ihre Herkunft benennt. Ein Beispiel hierfür ist die Wiesen-Iris: *Iris sibirica*.

SORTEN VON WILDPFLANZEN

Viele beliebte Gartenpflanzen haben ihren Ursprung in Wildpflanzen. Oft handelt es sich um in der Natur entdeckte Zufallsfunde, welche ganz besonders attraktive Eigenschaften aufweisen, beispielsweise eine veränderte Blütenfarbe, und die weiter vermehrt werden. Ein rosafarbener Wiesen-Salbei *(Salvia pratensis)* erhält dann zum Beispiel einen Sortennamen wie 'Rose Rhapsody'. Wir haben es jetzt mit einer heimische Wildsorte zu tun, welche vermutlich nicht ganz so viele Vorteile wie die blau blühende Ursprungsart hat.

VORTEILE HEIMISCHER URSPRUNGSARTEN

- robust
- wenig krankheitsanfällig
- klimaresilient
- fördern Tiere wie Insekten
- tragen zum Arterhalt bei

Denn sonst wären alle Wiesen-Salvien im Laufe ihrer evolutiven Entwicklung rosa geworden. Diese natürliche Selektion kann auch durch Züchtung beeinflusst bzw. durch Kreuzung, Auslese oder genetische Verfahren bewusst verändert werden. Oftmals zeichnen sich diese Sorten dann durch eine ungewöhnliche Farbgebung oder Gestalt aus. So wie die rosa blühende Knäuel-Glockenblume *(Campanula glomerata)* 'Caroline'. Man erkennt also an diesen zusätzlichen Namen, dass es sich nicht mehr um eine Ursprungsart handelt, sondern um eine Sorte.

SORTEN UND URSPRUNGSART IM VERGLEICH

Wann immer es möglich ist, sollte man die Ursprungsart verwenden – wenn man sie in der Fachgärtnerei findet. Denn diese bringt in ganz besonderer Weise das mit, was wir mit dem Einsatz von heimischen Wildpflanzen erreichen wollen: Sie ist bei standortgerechter Verwendung ganz besonders robust, klimaresilient und nicht krankheitsanfällig. Zudem unterstützen wir mit ihr die Biodiversität: Zum einen ganz direkt, indem wir vielleicht seltenen Pflanzenarten wieder ein neues Zuhause in unserem Garten anbieten, und indirekt durch die Förderung seltener Insekten, welche meist auf Ursprungsarten angewiesen sind. Übrigens duften sie oftmals stärker.
Und Sorten? Gegebenenfalls hat man nicht allzu viel Platz im Garten und entscheidet sich deshalb für eine kleinwüchsige Sorte. Oder zum Farbkonzept an der Stelle passt eben nur eine rosa blühende Pflanze. Aus gestalterischer Sicht sind natürlich immer auch Sorten verwendbar. Doch muss einem klar sein, dass diese unter Umständen weniger widerstandsfähig sein könnten. Wichtig ist noch ein Blick auf die Blütenform. Diese muss immer ungefüllt sein, damit sie auch blütenbesuchenden Insekten nutzt.

KOEXISTENZ UND KONKURRENZ

Die Wahl der Wildpflanzen muss jeweils in Abhängigkeit des Standortes – Boden, Lichtverhältnisse und Feuchtigkeit – erfolgen. Bei Kombinationen hilft es, sich an Naturstandorten und Pflanzengesellschaften zu orientieren. Ein weiterer wichtiger Punkt ist das Wuchsverhalten. So haben manche Wildpflanzen einen Ausbreitungsdrang durch Ausläufer, zum Beispiel die Zypressen-Wolfsmilch *(Euphorbia cyparissias)*. Andere wiederum versamen sich stark, was allerdings zugleich auch positiv zu sehen ist. Denn es bedeutet, dass sie gut von Insekten besucht und bestäubt werden. Bei der Zusammenstellung von Wildpflanzen muss dementsprechend die Konkurrenz mitberücksichtigt werden.

INSEKTENBESUCHE – DIE „KEHRSEITE“ DER MEDAILLE?

Viele Wildpflanzen sind sogenannte Raupenfutterpflanzen. Diese sind ein grundsätzlicher Baustein für die Schmetterlingspopulation. Doch was bedeutet das konkret? Wenn nun die Raupen einer Pfaffenhütchen-Gespinstmotte in einem heimischen Pfaffenhütchen Gespinste bilden und an den jungen Blättern fressen, dann sieht dies im ersten Moment für uns wenig attraktiv aus. Aber für den Arterhalt dieses Falters ist es unerlässlich. Wir müssen als Gartenbesitzer bei solch natürlichen Phänomenen Toleranz mitbringen. Aber es gibt auch eine gute Nachricht: Das Gehölz wird sich wieder erholen und nach ein paar Wochen neue Blätter schieben, als wäre nichts gewesen.

GRENZEN HEIMISCHER PFLANZUNG

Ökologisch liegen die Grenzen wie bei allen Pflanzungen beim Standort. Gestalterisch allerdings müssen wir als Pflanzenverwender etwas umdenken. So finden wir unter den heimischen Arten weniger „ausgefallene“ Erscheinungen. Auch was die Auswahl von Spätsommer- und Herbstblühern angeht, welche im klassischen Garten durch nordamerikanische Stauden ergänzt werden, tun wir uns etwas schwerer mit regionalen Wildstauden. Da kann der Blutweiderich als unermüdlicher, sommerlicher Dauerblüher einspringen. Grundsätzlich liegt die Schönheit heimischer Pflanzungen oft im Detail, in deren Kombination und im Blattschmuck.

Rosa blühende Form des Wiesen-Salbeis

Die Zypressen-Wolfsmilch bildet große Bestände.

Gefräßige Raupen der Pfaffenhütchen-Gespinstmotte

NATURSTANDORTE VOR DER HAUSTÜR

Es gibt in Deutschland eine Vielzahl an Lebensräumen mit wilder Vegetation. Man muss nur die Augen öffnen für deren Schönheit und sich für den eigenen Garten inspirieren lassen.

RUDERALFLÄCHEN

Ausgangslage hierfür ist ein vegetationsfreier, brachliegender Rohboden an einem sonnigen Standort. Auf natürliche Weise entstehen solche Brachen genannten Bereiche durch Hangabrutschungen oder in Überschwemmungsgebieten von Flüssen. Aber es gibt auch vom Menschen gemachte Ruderalflächen wie Kiesgruben, Bahndämme oder sich selbst überlassene Häuserlücken in der Stadt. Pflanzenarten, die sich speziell auf diese Ausgangssituation angepasst haben, werden Ruderalflora (lateinisch *rudus* = Schutt) genannt. Um derartig extreme Standorte zu besiedeln, sind Ruderalpflanzen äußerst effektiv, beispielsweise über viele, schnell keimfähige Samen. Oder das Saatgut kann über Jahre im Boden ruhen und wartet genau einen passenden Moment wie Niederschläge oder Bodenbearbeitung zum Keimen ab. Diese dann etablierten Bestände müssen stresstolerant gegenüber Hitze, Wind und mechanischen Störungen sein. Zudem unterliegen Ruderalflächen einer starken, natürlichen Sukzession. Anfangs finden sich hier viele Einjährige. Aber auch einige Zweijährige und kurzlebige Stauden brauchen solch „gestörte" Böden, wie der Natternkopf *(Echium vulgare)*, Kleinblütige Königskerzen *(Verbascum thapsus)* oder die Wilde Karde *(Dipsacus fullonum)*. Obwohl Ruderalflächen überall in Deutschland vorkommen und immer wieder entstehen, sind sie generell zurückgegangen. Denn die Toleranz gegenüber „wilden"

Königskerzen keimen nur auf offenen Böden.

Ruderalflächen sind ein wichtiger Lebensraum.

Bunter Steppenrasen auf kiesigem Untergrund

Typischer Steppenpflanze: Frühlings-Adonisröschen

Baulücken oder unbewirtschafteten Flächen ist inzwischen gering und somit fallen diese oft einem „Gestaltungszwang“ zum Opfer.

FÜR WELCHE STANDORTE IM GARTEN EIGNEN SICH RUDERALPFLANZEN?

Diese sich schnell entwickelnden Pflanzen sind besonders für die Anfangsphase einer Gartenanlage geeignet. Denn sie bringen zügig attraktive und bunt blühende Aspekte. Da sie sich naturgemäß gut versamen und im Garten gern vagabundieren, erfreuen sie uns an immer wieder neuen, unerwarteten Stellen und bleiben uns länger erhalten. Grundlegende Voraussetzungen dafür sind allerdings vegetationsfreie Bereiche und ein sonniger, am besten magerer Standort.

STEPPENHEIDE ODER STEPPENRASEN

Der exotisch klingende Name dieses Standortes der Extreme erinnert eher an die Steppen Südosteuropas, trotzdem gibt es auch bei uns kleinräumig solche besonderen Gebiete. In Deutschland findet man sie in Regionen mit wenig Niederschlag auf flachgründigen, nährstoffarmen Böden. Die Gesteinsgrundlage bildet meist Kalk oder kiesiger Kalk. Die Vegetationsdecke ist aufgrund der extremen Bedingungen schütter. Bei genauer Betrachtung stellt man darüber hinaus fest, dass der Untergrund in manchen Bereichen immer wieder freie Flächen aufweist oder sogar felsig zum Vorschein kommt. Solche seltenen Steppenheiden gibt es beispielsweise in Süddeutschland auf Schotterebenen der Isar, an sonnigen Südhängen der Schwäbischen Alb oder in Sachsen-Anhalt im östlichen Harzvorland.

Hier wachsen insbesondere Wärme und Trockenheit liebende Pflanzen, welche während einer nacheiszeitlichen Klimaperiode aus Süd- und Südosteuropa nach Mitteleuropa eingewandert sind. Aus diesem Grund beinhaltet die Liste der dort vorkommenden Arten typische Vertreter der Steppe wie die Steppen-Wolfsmilch *(Euphorbia seguieriana)* oder das Frühlings-Adonisröschen *(Adonis vernalis),* aber auch eine Reihe von attraktiven Gräsern wie das Federgras *(Stipa pennata)* oder das Wimper-Perlgras *(Melica ciliata).* Aus eher südlichen Regionen stammen Pflanzen wie Kugel-Lauch *(Allium sphaerocephalon)* und Stauden-Lein *(Linum perenne)*, aber auch das halbstrauchige Gelbe Sonnenröschen *(Helianthemum nummularium).*

FÜR WELCHE STANDORTE IM GARTEN EIGNEN SICH DIE PFLANZEN?

Die Pflanzen der Steppenheiden bergen eine wahre Fundgrube für trockene Gartensituationen. Da viele Regionen Mitteleuropas aufgrund des Klimawandels künftig mit Niederschlagsarmut umgehen müssen, ist diese Pflanzengruppe ein „Rezept“ für die Zukunft. Wichtig ist, dass der Standort so stark wie möglich dem in der Natur entspricht: sonnig, mit durchlässig-steinigem Substrat, wie es zum Beispiel Kiesgärten bieten.

MAGERE MÄHWIESEN

Durch die Intensivierung der Grünlandnutzung in Deutschland gibt es immer weniger traditionell bewirtschaftete, magere Mähwiesen. Man unterteilt diese in Flachland- und Berg-Mähwiesen. Ihre Böden sind meist humos und eher tiefgründig. Aufgrund von jahrhundertelanger, kleinbäuerlicher Wiesennutzung wurden den Standorten Nährstoffe entzogen, sie magerten ab und viele bunt blühende Kräuter konnten sich neben den Grasarten etablieren. Die geringe Düngung und ein bis zwei Mahd-Termine führten zu ausgesprochen blütenreichen Wiesen. Mähwiesen unterliegen nur geringen natürlichen veränderlichen Prozessen – sie sind vergleichsweise stabil. Bleibt jedoch die kontinuierliche, klassische Pflege durch den Menschen aus, kann dies in kurzer Zeit zum Verschwinden vieler Wiesenpflanzen führen, und konkurrenzstärkere Arten setzen sich durch.
Im Gegensatz zu Flachland-Mähwiesen sind Berg-Mähwiesen eher in den kühl-feuchten Lagen der höheren Mittelgebirge wie dem Erzgebirge, dem Thüringer Wald und dem Voralpengebiet anzutreffen. Diese Wiesen entstehen auf Untergründen mit mittlerer Feuchtigkeit und Temperatur.

TYPISCHE PFLANZENARTEN VON MÄHWIESEN

Flachland-Mähwiese
- Wiesen-Glockenblume *(Campanula patula)*
- Wiesen-Flockenblume *(Centaurea jacea)*
- Acker-Witwenblume *(Knautia arvensis)*
- Wiesen-Storchschnabel *(Geranium pratense)*
- Margerite *(Leucanthemum vulgare)*
- Wiesen-Salbei *(Salvia pratensis)*

Berg-Mähwiese (je nach Feuchtegrad)
- Große Sterndolde *(Astrantia major)*
- Schlangen-Wiesenknöterich *(Bistorta officinalis)*
- Wald-Storchschnabel *(Geranium sylvaticum)*
- Trollblume *(Trollius europaeus)*

FÜR WELCHE STANDORTE IM GARTEN EIGNEN SICH DIE PFLANZEN?

Die Stauden dieser Lebensräume zeichnen sich durch Üppigkeit und Farbenreichtum aus. Doch sie möchten einen guten, allerdings nicht zu nahrhaften Gartenboden. Zudem benötigen sie einen sonnigen, aber nicht zu trockenen Standort. Können wir dies bieten, sind diese Arten für ein schönes Staudenbeet die erste Wahl.

ARTENREICHE LAUB-MISCHWÄLDER

Beim Lebensraumtyp Laub-Mischwald zählen Buchenwälder mit ihrer artenreichen Krautschicht zu den häufigsten Waldtypen in Deutschland. Doch durch jahrzehntelange, standortfremde Nadelholzaufforstungen als reiner Nutzwald sowie zu hohe Wildbestände und Zerschneidungen werden solche wertvollen Laubwälder immer weiter zurückgedrängt. Je nach Beschaffenheit des Ausgangsgesteines kann sich in Buchenwäldern eine mehr oder weniger üppige bodennahe Vegetation entwickeln. An wärmebegünstigten Standorten wachsen verschiedene Orchideenarten. Doch überwiegen in diesem Lebensraum vor allem viele Frühjahrsblüher, da im Frühling dort das Licht durch die noch unbelaubten Bäume auf den Boden fällt. Von den unzähligen schattenver-

Magere Mähwiesen sind artenreich und bunt.

Wiesen-Salbei mag es sonnig-heiß.

Bärlauch-Teppich im Laub-Mischwald

träglichen Pflanzen haben hier schöne Bodendecker wie Goldnessel *(Lamium galeobdolon)*, Busch-Windröschen *(Anemone nemorosa)*, Bärlauch *(Allium ursinum)*, Frühlings-Platterbse *(Lathyrus vernus)*, Leberblümchen *(Hepatica nobilis)* oder Hohler Lerchensporn *(Corydalis cava)* ihren ursprünglichen Wuchsort. Auf Waldlichtungen oder sonnigen Waldrändern finden wir gartenwürdige Stauden wie Ästige Graslilie *(Anthericum ramosum)*, Pfirsichblättrige Glockenblume *(Campanula persicifolia)* und die bekannte Türkenbund-Lilie *(Lilium martagon)*.

FÜR WELCHE STANDORTE IM GARTEN EIGNEN SICH DIE PFLANZEN?

Eine Fülle schöner, heimischer Schattenstauden können aus diesem Lebensraum abgeleitet werden, sowohl Bodendecker als auch viele Frühjahrsblüher. Zudem gibt es attraktive Solitärstauden wie den hohen Wald-Geißbart *(Aruncus dioicus)*, welcher in einer Schattenpflanzung nicht fehlen sollte. Allen gemeinsam ist, neben ihren absonnigen bis schattigen Standortansprüchen, dass sie eine humose Mullauflage benötigen. Diese erhält man beispielsweise durch oberflächennahes Einbringen von Kompost.

FELSVEGETATION UND KALKSCHUTTHALDEN

Was sich im ersten Moment eher lebensfeindlich anhört, birgt einen wahren Schatz an artenreicher Vegetation. Man findet diese Lebensraumtypen in gebirgigen Regionen wie den Alpen oder den Mittelgebirgen. Hier mussten sich die Pflanzen an das Extreme – mit wenig Wasser und Nährstoffen auszukommen – anpassen. Denn durch

Alpine Kalkschutthalden mit Felsvegetation

Im feuchten Sprühnebel wachsen viele Moose.

Heutzutage selten: natürlich mäandrierender Bach

Risse oder sickerfähige Substrate fließt alles schnell wieder weg. Es sein denn, in Felsspalten konnten sich Sedimente ablagern. Diese bilden dann einen guten Nährboden für selbst höher wüchsige Vegetation wie den Blauen Eisenhut *(Aconitum napellus)*. Ansonsten bleibt den Pflanzen nur eines übrig: ihre Versorgung aus der Luft oder aus Niederschlägen zu holen. Deshalb finden sich hier vorwiegend Polster- und Rosettenpflanzen, oft mit eher fleischigen Speicherblättern. Noch schwerer haben es Pflanzen in steinigen, rutschigen Kalkschutthalden. Hier ist es nicht nur trocken, sondern auch noch stark labil. Deshalb muss sich die Vegetation gut festhalten. Dies macht sie entweder mit tiefen Ankerwurzeln wie das Zwerg-Schleierkraut *(Gypsophila repens)* oder durch kriechende Ausläufer wie die Rundblättrige Glockenblume *(Campanula rotundifolia)*. Damit vertragen sie sogar Überschüttungen und arbeiten sich sozusagen wieder an die Oberfläche durch. Darüber hinaus sind starke Temperaturschwankungen im Tagesverlauf auszuhalten. So kann es tagsüber in der Sonne, reflektiert durch den Fels, sehr heiß sein, und nachts aufgrund der Höhenlage kalt.

FÜR WELCHE STANDORTE IM GARTEN EIGNEN SICH DIE PFLANZEN?

Man mag es schon erahnen: Diese Pflanzen sind perfekt für Steingärten, aber auch magere, durchlässige Bereiche wie ein Schottergarten sind passend. Tatsächlich lässt sich der Ursprung fast aller unserer heimischen Steingartenpflanzen, beispielsweise Berg-Aster *(Aster alpinus)*, aus diesen Regionen ableiten. Die meisten dieser Gewächse bevorzugen ein kalkiges, durchlässiges Substrat: Bei zu viel Bodenfeuchte würden ihre Wurzeln verfaulen. Der Standort sollte zudem sonnig, ja sogar heiß sein.

BACH- UND TEICHUFERVEGETATION

Bäche oder Flüsse würden ohne menschliche Eingriffe stark mäandrieren, sich durch die Landschaft schlängeln. Doch fast alle Fließgewässer wurden begradigt, weshalb man in der Natur sol-

Sumpfdotterblumen gedeihen sehr gut am Teichrand.

che natürlichen Verläufe nur noch selten sieht. Durch die damit entstehenden Prall- bzw. Gleithänge wird die Fließgeschwindigkeit stark reduziert und Sedimente, Schlamm oder organische Substrate können sich ablagern. Damit erfolgt ein hoher Eintrag an Nährstoffen. Ähnlich steht es um Teiche und deren Ränder. Sogar in Kleinstgewässern wie Tümpeln wird der Vegetation viel Nahrung angeboten. Solche Standorte liebt beispielsweise die Sumpfdotterblume *(Caltha palustris)*. Es gibt allerdings auch Ausnahmen, wenn der pH-Wert sehr niedrig ist, und damit ein mooriges Substrat ansteht. Hier steht vielen Pflanzen sehr wenig Nahrung zur Verfügung.

Werden Gewässer oder Feuchtzonen beispielsweise durch Bäume beschattet, finden wir hier andere Pflanzen als in der Sonne. Aber allen ist eines gemein: Sie brauchen sehr viel Feuchtigkeit als Lebenselixier. Direkt in Teichen leben Wasserpflanzen. Unter ihnen gibt es Vertreter, deren Blätter auf der Wasseroberfläche schwimmen, die Wurzeln aber weit unten an der Teichsole. Dazu gehört die Teichrose *(Nuphar lutea)*. Andere wiederum schwimmen ohne Bodenanschluss im Wasser wie die Krebsschere *(Stratiotes aloides)*. Diese Pflanzen holen sich ihre Nährstoffe direkt aus dem Wasser. Im Flachwasser oder Randbereich von stehenden Gewässern können sich Pflanzengesellschaften ausbilden, welche von schilfartigen Pflanzenarten dominiert werden, sogenannte Röhrichtzonen. Allerdings wachsen hier nicht nur Schilfarten, sondern auch Blütenpflanzen wie die Sumpf-Schwertlilie *(Iris pseudacorus)*.

FÜR WELCHE STANDORTE IM GARTEN EIGNEN SICH DIE PFLANZEN?

In manchen Gartenanlagen gibt es Feuchtbiotope, kleine Teiche oder sogar Wasserläufe. Und auch diese wollen bepflanzt sein. Wir können aus dem großen Fundus der Feucht- und Wasserpflanzen schöpfen. Dabei ist jedoch unbedingt darauf zu achten, in welcher Tiefe diese Pflanzen wachsen. Sind es Teichrand- oder Sumpfpflanzen, benötigen sie nur eine geringe Wassertiefe bis lediglich Dauerfeuchte und einen eher nährstoffreichen Boden. Typische Wasserpflanzen sind tiefer zu setzen; ihnen genügt ein toniges Material.

GESTALTUNGSIDEEN & KOMBINATIONEN

— mit heimischen Pflanzen

Diese wiesenartige Kombination aus Kronen-Lichtnelke, Schafgarbe und Mannstreu verträgt es trocken.

STANDORT & GESTALTUNG – VON DER NATUR ABGESCHAUT

Wildstaudenbeete und -Pflanzungen wirken etwas anders als herkömmliche, klassische Staudenbeete. Es entstehen naturalistische, oft wiesenartige Bilder.

Natürliche Standorte beeinflussen das Design, Naturräume werden zum Gestaltungsvorbild. Nicht nur durch Gewächse, auch die Kombination mit Materialien wie Stein, Kies oder Holz unterstützt diese Wirkung. Und zudem fördern wir so die Tierwelt.

Doch was macht den Einsatz von heimischen Pflanzen besonders? An ihrem Naturstandort überleben sie ganz ohne Hilfe des Menschen. Im Garten wird es nicht ganz ohne pflegende Eingriffe und Unterstützung funktionieren, aber ganz sicherlich ist dies ein in Ansätzen anzustrebendes Ziel.

Damit solche Anlagen längerfristig erfolgreich sind, ist es das A und O, zunächst vom eigenen Gartenstandort auszugehen. Wir müssen deshalb die Lichtverhältnisse, den Boden und die Feuchtigkeit genau anschauen. Ausgehend von diesen drei Kriterien fällt die Entscheidung, welche Pflanzenwahl und damit Gestaltung überhaupt sinnvoll ist. Wenn wir dies beachten, erhalten wir einen artenreichen, attraktiven und zugleich pflegeleichten Garten.

LICHT UND SCHATTEN

Maßgeblich für die Pflanzenwahl ist, ob die Beete im Schatten oder in der Sonne liegen. Sonnenanbeter müssen ins Licht und Schattenpflanzen in den Schatten – ohne Ausnahme. Gleichwohl gibt es dazwischen fließende Übergänge, wie den

Halbschatten oder lichten Schatten. Dieser entsteht vor allem unter lockerem Laubgehölzbewuchs, wo zusätzlich im Frühling Sonnenstrahlen auf den Boden fallen. Tiefen Schatten findet man beispielsweise unter immergrünen Bäumen oder im Schlagschatten von Mauern. Manche Gartenbereiche haben jedoch nur vormittags oder nachmittags kein Licht. Die Morgensonne ist eher mild, womit eine Halbschattensituation entsteht. Ab mittags bis in den Abend hat die Sonne Kraft. Somit ist dies ein eher sonniger Standort.

BODENSTRUKTUR

Im Praxiskapitel (siehe S. 76 ff.) wird eingehend auf den Boden eingegangen. Aber es gibt grundsätzliche Faustregeln, zum Beispiel die Durchlässigkeit: Viele wärmeliebende Pflanzen vertragen keinen „nassen Fuß", Wurzeln oder andere Speicherorgane wie Knollen können verfaulen. Demzufolge muss das Substrat durchlässig, sandig bis kiesig sein. Da es keine Speicherkapazität für Wasser oder auch Nährstoffe hat, ist es gleichzeitig mager.

Im Gegensatz dazu steht ein tonig-humoser Boden, den viele Pflanzen aus Waldgesellschaften benötigen. Solch ein Boden hat einen hohen organischen Anteil, die oberste Schicht besteht aus einer Mullauflage. Dies können wir im Garten durch liegengelassene Blätter oder Kompost erreichen. Neben den Nährstoffen spielen noch sich dort befindende Bodenlebewesen wie Pilze eine wichtige Rolle.

LEBENSELIXIER WASSER

Die Versorgung mit Wasser ist die dritte Standortsäule, neben Licht und Boden, ohne die Leben und Wachstum nicht möglich ist. Im naturnahen Garten macht man sich nur das Niederschlagswasser zunutze, eine künstliche Bewässerung entfällt mit einer standortgerechten Bepflanzung. Nun nehmen aber Gewächse Feuchtigkeit in erster Linie über die Wurzeln auf; also muss wieder der Boden betrachtet werden. Lässt dieser Niederschläge durch und speichert sie nicht, wie es bei Sand der Fall wäre, nützt es nichts, wenn man in einer regenreichen Region wohnt. Das Wasser versickert umgehend, ohne der Pflanze längerfristig zur Verfügung zu stehen. Ein hoher organischer oder toniger Anteil erhöht hingegen die Wasserspeicherkapazität eines Bodens. Pflanzen nehmen auch über ihre oberen Teile wie Blätter Feuchtigkeit auf, allerdings in geringerem Maße. Zugleich verdunsten sie Wasser über diese. Es leuchtet ein, dass an einem vollsonnigen Standort eine höhere Transpiration stattfindet.

FAZIT: DAS ZUSAMMENSPIEL BESTIMMT

Nur unter Beachtung des Standortes können Pflanzungen gelingen – die Wechselwirkung zwischen Boden, Belichtung und Feuchtigkeit entscheidet.

Der Standort bestimmt die Pflanzenwahl.

Wiesen-Witwenblume für magere Böden

HEISSE & SONNIGE BEETE

Vollsonnige Gartensituationen befinden sich meist in Hausnähe und spielen damit gestalterisch eine zentrale Rolle. Sie werden meist bunt, artenreich und attraktiv gestaltet.

Möchte man im Garten eine rasche und zugleich ausgesprochen farbenfrohe Wirkung, lohnt es sich, mit kurzlebigeren Stauden zu arbeiten. Denn diese blühen sehr schnell, man kann sie sogar teils als Saatgut einstreuen.
Solche Pflanzungen unterliegen einer starken Dynamik und verändern sich über die Jahre. Einige Arten werden sich durchsetzen, andere verschwinden. Trotzdem lohnt es sich, da diese Pflanzen über und über blühen und uns im Hochsommer mit ihrer Buntheit erfreuen. Als Ausgangslage ist fast jedes Substrat möglich, vom normalen Gartenboden bis hin zu mageren Böden. Nur sonnig muss der Standort sein.

SOMMERLICHE FARBENPRACHT VOLLER DYNAMIK

Zentral im Hintergrund dieser Pflanzung wächst das gelb tuffig blühende Echte Labkraut *(Galium verum)*. Es neigt zur Ausläuferbildung. Möchte man es in Zaum halten, ist eine Wurzelsperre möglich. Ansonsten wird es mit der Zeit größere Flächen einnehmen. Wegen ihrer Größe und bester Fernwirkung ist die Kleinblütige Königskerze *(Verbascum thapsus)* ebenfalls für die hintere Kulisse geeignet. Sie kann als einjährige Blattrosette gepflanzt werden, blüht als Zweijährige im Folgejahr und stirbt ab. Allerdings versamt sie sich zuverlässig, damit bleibt sie uns erhalten. Auch das Mutterkraut *(Tanacetum parthenium)* mit seinen weißen Korbblütchen und dem reich verzweigten Wuchs ist ein typischer Vagabund. Ein wahrer Alleskönner ist die leuchtend gelbe Färberkamille *(Anthemis tinctoria)*. Sie erfreut vor allem mit ihrer langen Blütezeit. Diese buschig-kompakte Staude ist perfekt für den Beetvordergrund.
Fröhlich als Farbtupfer ist die Samtnelke *(Lychnis coronaria)* eingestreut, welche durch ihr einzigartig samtiges Purpurrot besticht. Allerdings ist sie nicht heimisch, ihr Ursprung liegt in Südosteuropa. Doch ist sie bei uns schon seit Jahrhunderten eine gängige Bauerngartenpflanze und Schmetterlinge lieben ihren Nektar. Man sollte diese Samtnelke unbedingt in der Beetmitte setzen, da sie nicht sehr standstark ist.
Als einjährige Ergänzung blühen Klatschmohn *(Papaver rhoeas)* und Ackerrittersporn *(Consolida regalis)*.Die Pflanzung mag im ersten Jahr noch etwas lückig sein; dies wird durch die ergänzende

Einkaufsliste

SOMMERLICHE FARBENPRACHT VOLLER DYNAMIK (10 M²)

- ☐ 5 × Färberkamille, *Anthemis tinctoria*, alternativ 7 x Ochsenauge, *Buphthalmum salicifolium*
- ☐ 3 × Echtes Labkraut, *Galium verum*
- ☐ 10 × Samtnelke, *Lychnis coronaria*
- ☐ 5 × Mutterkraut, *Tanacetum parthenium*
- ☐ 3 × Kleinblütige Königskerze, *Verbascum thapsus*
- ☐ Saatgut: Ackerrittersporn, *Consolida regalis*, und Klatschmohn, *Papaver rhoeas*

Natternkopf ist zweijährig und 0,70 bis 1,20 m hoch.

Ansaat mit den Einjährigen abgefangen. Sie verschwinden wieder und werden von den anderen Arten, welche sich nun vermehrt haben, abgelöst.

ALTERNATIVEN

Wer nicht ganz so viel Veränderung über die Jahre haben möchte, der kann alternativ zur Färberkamille das Ochsenauge *(Buphthalmum salicifolium)* verwenden. Wegen seines kugeligen Wuchses und der guten Standstärke darf es gern vorne stehen. Mit seiner langen Blütezeit steht es der gelben Färberkamille in Nichts nach. In attraktivem Blau, mit den gleichen Bodenansprüchen, würde auch der Gewöhnliche Natternkopf *(Echium vulgare)* zusätzlich in diese Kombination passen. Er ist ähnlich wie die Königskerze zweijährig, blüht üppig und ist ein wahrer Bienenmagnet. Somit setzt er Samen an und neue Pflanzen können sich entwickeln. Wegen seiner Größe ist er eher in die Mitte zu pflanzen.

Sommerliche Farbenpracht voller Dynamik: Die gelb-rote Vielfalt sorgt für gute Laune.

Hummelparadies im Spätfrühling

WIE IN EINER WIESE – ZARTE BLÜTEN IN STOCKWERKEN

Auch wenn es vielleicht im ersten Moment so wie eine Wiese wirkt, diese Stauden würden wir dort nicht finden: Sie sind keine typischen Vertreter für Wiesen. Was allerdings sowohl in der Wiese als auch bei diesen Pflanzungen gleich ist, sind die Stockwerke. Denn im Vegetationsbild „Wiese" blüht und wächst es auf verschiedenen Ebenen. Dies wurde hier zum Vorbild genommen. Keine Staude übernimmt eine Führungsrolle, alle stehen gleichberechtigt nebeneinander. Beim Auslegen der Stauden muss dies berücksichtigt werden: Die Pflanzen werden locker über die Fläche verteilt. Es soll keine größeren Gruppen geben, alles soll wie zufällig wirken – was übrigens gar nicht so einfach ist. Der Pflanzabstand ist von Anfang an eher eng gewählt. Um eine bestmögliche Wirkung zu erzielen, sollte die Fläche nicht zu klein sein: je größer, desto besser. Für diese Staudenkombinationen braucht es einen sonnigen bis leicht halbschattigen Standort, der Boden sollte normal und durchlässig sein. Da beide Musterbeete sehr ähnliche Voraussetzungen benötigen, kann man sie auch miteinander kombinieren.

HUMMELPARADIES IM SPÄTEN FRÜHLING

Ein zauberhafter Hingucker ab Mai ist die Gewöhnliche Pechnelke *(Silene viscaria)*. An zarten, aber standstarken Stängeln sitzen traubenartig pinkfarbene Blüten. Diese scheinen damit hoch über ihren grundständigen Blättern zu schweben. Auf Augenhöhe mit ihr ist die blaue Gewöhnliche Akelei *(Aquilegia vulgaris)*. Ähnlich wie bei der Pechnelke schweben die Blüten nahezu über der Pflanzung. Akeleien versamen sich gut und einfach. Deshalb reicht es oftmals aus, ein paar initiale Stauden zu setzen und lediglich bei der

Einkaufsliste

HUMMELPARADIES IM SPÄTEN FRÜHLING (5 M²)

- ☐ 7 × Gewöhnlicher Frauenmantel, *Alchemilla vulgaris*
- ☐ 5 × Schwarzviolette Akelei, *Aquilegia atrata*
- ☐ 5 × Gewöhnliche Akelei, *Aquilegia vulgaris*
- ☐ 5 × Scharfer Hahnenfuß, *Ranunculus acris*
- ☐ 12 × Gewöhnliche Pechnelke, *Silene viscaria*

Einkaufsliste

EIN HOCH AUF DIE DOLDENBLÜTEN (5 M²)

- ☐ 5 × Moor-Pfeifengras, *Molinia caerulea*
- ☐ 5 × Große Bibernelle, *Pimpinella major*
- ☐ 10 × Große Bibernelle, *Pimpinella major* 'Rosea'
- ☐ 5 × Scharfer Hahnenfuß, *Ranunculus acris*
- ☐ 10 × Rote Lichtnelke, *Silene dioica*

Gartenpflege darauf zu achten, dass man sie versamen lässt und die Keimlinge eine Chance haben zu wachsen. Zudem kreuzen sich Akeleien gern mit ihren Artgenossen, wodurch oft sehr spannende Farbspiele entstehen. In dieser Pflanzung sieht man noch die aparte Schwarzviolette Akelei *(Aquilegia atrata)*. Sowohl Akelei als auch Pechnelke sind ausgesprochen beliebt bei langrüsseligen Hummeln. Gelbe Tupfer entstehen mit dem Scharfen Hahnenfuß *(Ranunculus acris)*. Das untere Stockwerk in dieser Kombination bilden im hinteren Bereich Maiglöckchen *(Convallaria majalis)*. Diese vermehren sich über die Jahre mit kurzen Wurzelausläufern. Zudem wurde der Gewöhnliche Frauenmantel *(Alchemilla vulgaris)* als Unterpflanzung gewählt. Er wächst horstig und kann auch als alleinige Unterpflanzung verwendet werden.

EIN HOCH AUF DIE DOLDENBLÜTEN

Lange hat es gedauert, bis Doldenblütler auch im Garten Einzug fanden. Hier wurde die weiß blühende Große Bibernelle *(Pimpinella major)* mit ihrer rosafarbenen Sorte 'Rosea' kombiniert. Einen wunderschönen Farbakzent bildet die Rote Lichtnelke *(Silene dioica)*. Wie auf einer Wiese durchzieht der gelb blühende Scharfe Hahnenfuß *(Ranunculus acris)* die Pflanzung. Wer diesen Charakter noch verstärken möchte, kann hier das Moor-Pfeifengras *(Molinia caerulea)* hinzunehmen.

Ein Hoch auf die Doldenblüten

Blütenmeer ohne Wasser

JE TROCKENER, DESTO BUNTER – XERISCAPING

In Zeiten von Klimawandel und niederschlagsarmen Monaten müssten wir als Gärtner schier verzweifeln, wenn es nicht Pflanzen gäbe, die genau solche heißen und sonnigen Bedingungen lieben. Und nicht nur das! Sie benötigen zudem noch einen mageren, durchlässigen Boden. Dann steht dem Xeriscaping* nichts mehr im Weg.

BLÜTENMEER OHNE WASSER

So farbenfroh und prächtig diese Pflanzung wirkt, nie würde man glauben, dass sie nur aus wahren Hungerkünstlern besteht. Sogar ganz im Gegenteil: Jegliche Staunässe, zu viel Feuchtigkeit oder schwere Substrate würde ihnen den Garaus machen. Es gibt eine große Auswahl an heimischen Pflanzen, welche an derartige Bedingungen gewöhnt sind. Wir finden sie auf durchlässigen Kies- oder Sandböden, die sehr nährstoffarm sind. Solche Stauden können wir gut miteinander kombinieren, auch wenn sie in der Natur nicht zusammen vorkommen. Im Garten ist das erlaubt! Gestalterisches Vorbild für diese Anlage sind sonnig-heiße Säume.

Für diese Pflanzung wurde die Pfirsichblättrige Glockenblume *(Campanula persicifolia)* verwendet. An sehr dünnen Stielen hängen oftmals viele Einzelblüten, wodurch sie manchmal nicht ganz standstark ist. Deshalb pflanzt man sie entweder von Anfang an in größeren Gruppen oder einzeln neben Stauden, an die sie sich anlehnen kann. Bestens dafür geeignet ist der Gelbe Fingerhut *(Digitalis lutea)*. Er steht nicht nur perfekt, seine zartgelben Blüten harmonieren auch gut mit den Blüten der Glockenblume. Dieser nicht ganz so bekannte Fingerhut ist kurzlebig, erhält sich aber durch Selbstaussaat. Für seine Keimlinge braucht er allerdings offene Bereiche. Im Vordergrund, deutlich niedriger, steht die pinkfarbene Kartäu-

*Ein in den USA entstandener Begriff, der sich aus dem griechischen Wort „xeros" für trocken, und dem englischen „landscape" für Landschaft zusammensetzt.

Für magere Böden: Hauhechel

Einkaufsliste

BLÜTENMEER OHNE WASSER (10 M²)

- ☐ 15 × Pfirsichblättrige Glockenblume, *Campanula persicifolia* (in 3er-Gruppen)
- ☐ 7 × Kartäuser-Nelke, *Dianthus carthusianorum*
- ☐ 10 × Gelber Fingerhut, *Digitalis lutea*
- ☐ 5 × Blut-Storchschnabel, *Geranium sanguineum*
- ☐ 7 × Wimper-Perlgras, *Melica ciliata*

ser-Nelke *(Dianthus carthusianorum)*, welche prädestiniert ist für kiesige Böden. Auch sie versamt sich zuverlässig. Ebenfalls vorne im Beet kommt der karminrote Blut-Storchschnabel *(Geranium sanguineum)* zum Einsatz. Im Gegensatz zu seinen eher im Halbschatten wachsenden Verwandten, liebt diese Art Hitze und Trockenheit. Zu beachten ist, dass er etwas ausladend wird. Zart durchzieht das sich gut verwildernde Wimper-Perlgras *(Melica ciliata)* die Komposition. Eine mineralische Mulchung, zum Beispiel mit feinem Kies, verstärkt zunächst die lückige Optik der Pflanzung, gibt den Versamenden Bereiche zum Keimen und ist zugleich Verdunstungsschutz für den Boden sowie Wärmespeicher für die Pflanzen.

OFFENSICHTLICH MAGER

Vielen dieser Trockenkünstler bleibt in ihrer Überlebensstrategie nichts anderes übrig, als sich stark zu reproduzieren. Das heißt: viele Blüten, viele Samen, viele Keimlinge. Doch dafür benötigen sie auch Bereiche zum Keimen. Gestalterisch lässt sich dies gut einbauen. Doch gleichzeitig muss klar sein: Irgendwann werden auch diese offenen Flächen mit Vegetation geschlossen sein. Um von Anfang an für Struktur zu sorgen, kann man gestalterisch dominante Pflanzen wie die Dornige Hauhechel *(Ononis spinosa)* einsetzen. Diese zählt zwar zu den Stauden, verholzt allerdings leicht und wirkt daher wie ein kleiner Strauch.

AUF STEIN GEBAUT

Es gibt ausgesprochen viele Naturräume, wo Stein in sonniger Lage dominiert. Und diese sind ganz und gar nicht ohne Bewuchs und Leben. Ganz im Gegenteil. Hier finden wir die spannendsten Lebenskünstler: Sie besiedeln Ritzen, entwickeln interessante Formen und sind am passenden Standort schier unverwüstlich. Aber sie brauchen auch im Garten genau diese Verhältnisse. Anstatt an einem Hanggrundstück Betonmauern zu setzen, lässt sich der Höhenunterschied als Gestaltungselement zum Thema machen – mit einem Steingarten.

01

02

03

STEINGÄRTEN – VON RITZENBESIEDLERN UND GERÖLLFLUR

Fast in allen hügeligen oder bergigen Regionen finden sich Natursteine. Dieses regionale Material bildet das Gerüst. Man kann ganz klassisch Trockenmauern in Lagen bauen, aber natürlicher wirkt wie hier ein loser Verbau von Natursteinen. Dazwischen darf gern etwas Geröll oder Kies sein, bevorzugt kalkhaltig. Ein großer Vorteil besteht darin, dass so genügend Platz für eine Bepflanzung entsteht. Hierfür eigenen sich Ritzenbesiedler wie der gelb blühende Scharfe Mauerpfeffer *(Sedum acre)* oder der Gelbe Lerchensporn *(Corydalis lutea)*. Wenn man diese fast schon zerbrechliche Staude betrachtet, würde man ihr ihr Potenzial gar nicht zutrauen. Sie schafft es sowohl in schattigen als auch in stark sonnig-heißen Bereichen zu überleben. Hauptsache, sie findet irgendwelche engen Spalten zum Besiedeln. Das Taubenkropf-Leimkraut *(Silene vulgaris)* mit seinen kleinen, ballonartigen weißlichen Blütenständen und dem leicht blau bereiften Laub bildet einen schönen Kontrast zum Stein. Je magerer es steht, desto kompakter wird es in seiner Gestalt, ohne seine Vorzüge zu verlieren. Auch die pinkfarbene Kartäuser-Nelke *(Dianthus carthusianorum)* findet hier einen Platz. Zartrosa blüht die Moschus-Malve *(Malva moschata)*. Sie ist unglaublich vielseitig einsetzbar: vom trockenen, heißen Staudenbeet bis zum Extremstandort wie hier. Zudem ist sie ein unermüdlicher Sommerblüher, deren Blätter gesund und grün die ganze Vegetationszeit zieren. Man kann ihre Samen sammeln und an anderer Stelle verstreuen. Sie hat zu viele gute Eigenschaften, als dass sie

01 Zwerg-Bart-Iris und Walzen-Wolfsmilch sind Frühlingsergänzungen für den Steingarten.

02 Gelber Lerchensporn ist ein Alleskönner: Er besiedelt sonnige Ritzen, wächst aber auch im Schatten.

03 Polster-Seifenkraut wirkt schön zwischen Steinen. Schmetterlinge lieben seinen Nektar.

Hier fühlen sich Scharfer Mauerpfeffer, Gelber Lerchensporn, Taubenkropf-Leimkraut, Kartäuser-Nelke, Moschus-Malve und Echter Baldrian wohl.

nicht häufiger im Garten wachsen dürfte. Mit dem Echten Baldrian *(Valeriana officinalis)* enthält diese Pflanzung einen weiteren Alleskönner. Nicht nur, dass er eine wichtige Heilpflanze ist, er funktioniert sowohl auf feuchten als auch auf trocknen Standorten. Seine weißlich-rosafarbenen Blütenstände stehen weit über seinem Blattwerk, das einen schönen Gegensatz zu den Blüten bildet. Wie bei allen Pflanzen mit großer Standortamplitude gilt: je nährstoffreicher, desto größer im Wuchs, je karger, desto kleiner.
In solche Stein-Schotterfluren können zusätzlich Kurzlebige eingestreut werden wie der Gewöhnliche Natternkopf *(Echium vulgare)* oder der blaue Stauden-Lein *(Linum perenne)*. Beide erhalten sich bestens durch Selbstaussaat.

PFLANZEN FÜR STEINGÄRTEN

- Gelber Lerchensporn, *Corydalis lutea*
- Kartäuser-Nelke, *Dianthus carthusianorum*
- Stauden-Lein, *Linum perenne*
- Moschus-Malve, *Malva moschata*
- Polster-Seifenkraut, *Saponaria ocymoides*
- Scharfer Mauerpfeffer, *Sedum acre*
- Taubenkropf-Leimkraut, *Silene vulgaris*

Eine wunderbare heimische Steingartenpflanze als Ergänzung ist das Polster-Seifenkraut *(Saponaria ocymoides)*. Dieses bildet mit der Zeit ein schönes Polster, welches wie eine rosa Blütenkaskade über die Steine fällt.

GRÄSER – LEICHTIGKEIT DES GARTEN-SEINS

Gräser bezaubern und bringen zarte Leichtigkeit in jede Pflanzung. Auch wenn sie als Windbestäuber zunächst ökologisch zweitrangig erscheinen, sind ihre Blätter doch oftmals wichtige Futterpflanzen für Schmetterlingsraupen. Allein wegen dieser zwei Argumente sollten sie unbedingt eingeplant werden. Für Gräser-Kombinationen sollte ihr Anteil mindestens 40 Prozent betragen. Am schönsten sieht es aus, wenn sie sich durch die Pflanzung weben. Also die Gräser über das Staudenbeet netzartig auslegen!

SONNIGES GRÄSER-STAUDENBEET

Es gibt fast für jede Gartensituation Gräser, welche die Pflanzung bereichern. Diese Gräser betonte Staudenkombination benötigt einen normalen, leicht humosen Gartenboden. Hier kommen typische Pflanzen zum Tragen, welche am Naturstandort an einem warm-sonnigen Waldrand stehen. Die Rasen-Schmiele *(Deschampsia cespitosa)* ist ein attraktiv wachsendes Gras, welches durch seine zarten Ähren im Frühsommer besticht. Es bleibt horstig, macht keine Ausläufer und versamt sich nicht lästig. Was will man mehr von einem heimischen Gras? Wichtig ist es, ihm einen nicht zu trockenen Standort anzubieten. Deshalb ist die Kombination mit der weißlich-rosa blühenden Großen Sterndolde *(Astrantia major)* und der Acker-Glockenblume *(Campanula rapunculoides)* geradezu perfekt. Alle drei lieben Sonne und einen gut versorgten Fuß. Als farblicher Akzent dient der Purpur-Klee *(Trifolium rubens)*. Dieser eher exotisch anmutende Klee ist heimisch, hat einen horstigen Wuchs und gilt inzwischen in

Die Rasen-Schmiele durchzieht locker das sonnige Gräser- und Staudenbeet.

Kugel-Lauch und Königskerze sind ideale Begleiter in der Grassteppe.

Mitteleuropa als gefährdete Art. Schon deshalb und als wichtige Bienenweide ist er mehr als gartenwürdig. Wer den Wiesencharakter verstärken möchte, pflanzt die Große Bibernelle *(Pimpinella major)* noch hinzu.

GRASSTEPPE IM GARTEN

Viele Gräser lieben einen trocken-heißen Standort, so wie das heimische Reiher-Federgras *(Stipa barbata)*. Dieses ist kurzlebig, versamt sich aber gut. Das Substrat sollte durchlässig, gern sogar sandig sein. Um dem Ganzen eine kontrastierende, kerzenartige Struktur zu geben, macht sich die gelbblütige Schwarze Königskerze *(Verbascum nigrum)* bestens. Sie ist relativ langlebig, nicht so massiv und trotzdem horstig im Wuchs. Hier wurde die weiße Form 'Album', eine natürliche Variante der Art, eingeplant. Zusätzlich Farbe bringt der ursprünglich aus dem Mittelmeerraum stammende Kugel-Lauch *(Allium sphaerocephalon)*, welcher erst in größerer Stückzahl zur Wirkung kommt.

Einkaufsliste

GRÄSER-STAUDENBEET FÜR NORMALEN GARTENBODEN IN DER SONNE (5 M²)

- ☐ 5 × Große Sterndolde, *Astrantia major*
- ☐ 5 × Acker-Glockenblume, *Campanula rapunculoides*
- ☐ 10 × Rasen-Schmiele, *Deschampsia cespitosa*
- ☐ 3 × Große Bibernelle, *Pimpinella major*
- ☐ 3 × Purpur-Klee, *Trifolium rubens*

Einkaufsliste

GRASSTEPPE (5 M²)

- ☐ 30 × Kugel-Lauch, *Allium sphaerocephalon*
- ☐ 35 × Reiher-Federgras, *Stipa barbata*
- ☐ 10 × Weißblühende Königskerze, *Verbascum nigrum* 'Album'

STAUDEN-MIX FÜR SONNE BIS HALBSCHATTEN

Die im Folgenden vorgestellten beiden Beete eignen sich sowohl für einen Gartenteil, der stark genutzt wird, als auch für etwas vom Wohnhaus entfernt liegende Bereiche.

Klassische Beetrosen sind oftmals schwierig. Sie sind anfällig für vielerlei Krankheiten und verlieren damit an Wirkung. Anders sieht es bei Wildrosen aus. Ihre Blätter sind fast immer gesund, Mehltau oder Rosenrost kommt nur selten vor. Ein weiterer Vorteil ist ihr Nutzen für die Tierwelt. Denn die Blüten von Rosen sind ausgesprochen wichtige Pollenlieferanten. Vor allem Hummeln und andere Wildbienen lieben ihn, automatisch werden damit die Blüten bestäubt und bilden im Spätsommer je nach Art unterschiedlichsten dekorativen Fruchtschmuck – die Hagebutten. Und der Rosenstrauch mit seinen Stacheln bietet Vögeln gut geschützte Nist- und Rückzugsmöglichkeiten. Was vielen zudem nicht bewusst ist: Wildrosen sind nicht nur robust, sie vertragen auch ausgesprochen viel Trockenheit. Dies hängt mit ihrem Wurzelsystem zusammen, denn sie sind Tiefwurzler. Von weit unten versorgen sie sich mit Wasser und Nahrung. Ein willkommener Nebeneffekt im Garten ist damit, dass man sie gut mit Stauden unterpflanzen kann. Denn somit machen sich die in nächster Nähe gesetzten Pflanzen mit der Rose gegenseitig keine Konkurrenz.

Die Hagebutten von Wildrosen zieren im Herbst.

WILDROSEN FÜR DEN GARTEN – VIELFÄLTIG UND ROBUST

Grundsätzlich sollte man bei der Wahl von Wildrosen auf ihre Standortansprüche schauen, ob sie es eher heiß und sonnig, oder vielleicht etwas schattig haben möchten. Da einige Wildrosen viele Stacheln haben, sind diese sicherlich nicht die Arten, welche an einem häufig begangenen

Rambler-Rose 'Bobby James'

Hechtrose in steppenartiger Pflanzung

Gartenweg die erste Wahl wären, in eine Wildhecke passen sie sehr wohl. Ein weiteres wichtiges Auswahlkriterium ist ihr Wuchsverhalten. Manche Arten bleiben klein, andere werden groß und buschig oder klettern wie die Rambler-Rose 'Bobby James'. Und es gibt welche, beispielsweise die Bibernell-Rose *(Rosa spinosissima)*, die zu starker Ausläuferbildung neigen. Dies kann in einem Garten zum Problem werden.

HECHTROSE – EINE ZAHME WILDE

Die Blaue Hechtrose *(Rosa glauca)* vereint alle Vorzüge, welche man von einem blühenden Gehölz erwartet: malerisch bogiger Wuchs, blau bereifte Blätter und pinkfarbene Blüten, die einen schönen Kontrast zum Laub bilden. Mit ungefähr 1,50 m Höhe hat sie zudem die ideale Größe für ein Solitärgehölz in einem Staudenbeet. Dass sie wenig bestachelt ist, verstärkt noch die Argumente sie zu pflanzen. Am Naturstandort findet man diese Wildrose an widrigsten und trockenen Standorten wie Felsspalten. Ein Indiz dafür, dass sie auch im Garten mit wenig auskommt und man sie sogar in kiesig-sandige Substrate pflanzen kann. In einer steppenartigen Bepflanzung passt die horstig wachsende Steppen-Wolfsmilch *(Euphorbia seguieriana)* dazu, ebenso wie der Stauden-Lein *(Linum perenne)*. Die Rotstängelige Nachtkerze *(Oenothera tetragona)* mit ihren gelben Blüten kommt zwar ursprünglich aus Amerika, ist aber ein guter Insektenmagnet und durchaus standortgerecht. Alternativ könnte auch das ebenfalls gelb blühende Ochsenauge *(Buphtalmum salicifolia)* verwendet werden. Den Vordergrund bildet eine dunkellaubige Sorte unseres heimischen Wiesen-Storchschnabels (*Geranium pratense* 'Midnightlyona'). Alternativ wäre auch der Blut-Storchschnabel *(Geranium sanguineum)* denkbar.

Einkaufsliste

HECHTROSE IN STEPPENARTIGER PFLANZUNG (2 M²)

- ☐ 1 × Steppen-Wolfsmilch, *Euphorbia seguieriana*
- ☐ 1 × Blut-Storchschnabel, *Geranium sanguineum*
- ☐ 3 × Stauden-Lein, *Linum perenne*
- ☐ 1 × Rotstängelige Nachtkerze, *Oenothera tetragona*
- ☐ 1 × Blaue Hechtrose, *Rosa glauca*

Die weiße Dichter-Narzisse duftet betörend.

Hummeln lieben den früh blühenden Lerchensporn.

Wald trifft Wiese: Primeln und Platterbse

FRÜHLINGSBLÜHER – VON WEGEN SCHATTENDASEIN

Das Frühjahr ist die Zeit der heimischen Halbschattenpflanzen. Unter noch nicht belaubten Bäumen blüht eine Vielzahl an Arten. Am Naturstandort findet man sie in lichten, sommergrünen Laubwäldern mit stark organisch-humosem Boden. Solche Standorte sollten wir ihnen auch im Garten bieten: Ecken unter Laubgehölzen. Diese Stauden bringen uns viel Farbe, und für die ersten fliegenden Insekten sind deren Blüten unverzichtbare Nahrung zu Beginn des Jahres.

WALD TRIFFT WIESE

Primeln sind per se Frühlingsboten Die Echte Schlüsselblume *(Primula veris)* mit ihren leuchtend gelben, duftenden Blüten benötig unbedingt einen eher sonnigen bis halbschattigen Standort, und dieser muss kalkhaltig sein. Bei anderen Bodenverhältnissen und weniger Sonne ist die hellgelb blühende Hohe Schlüsselblume *(Primula elatior)* die bessere Wahl. Zusammen mit der purpur-blauen Frühlings-Platterbse *(Lathyrus vernus)* ergibt sich ein interessanter Farbkontrast. Nach der Blüte zieht sie, im Gegensatz zur Primel, komplett ein. Das ist bei der Gestaltung zu berücksichtigen.

ÜPPIGES FRÜHLINGSBEET

Viele Frühlingsblüher vermehren sich gut und breiten sich flächig aus, ohne lästig zu sein. Damit bilden sich mit der Zeit wunderschöne Bestände. Hierzu gehört der Hohle Lerchensporn *(Corydalis cava)* mit seinen typischen Hummel-Blüten in Weiß oder Mauve. Nach der Blüte vergilben seine Blätter schnell und ziehen sich zurück. Von dem farbigen Blüten- und Blättermeer ist im Sommer nichts mehr übrig. Ein ähnliches Wuchsverhalten legt das weiße Busch-Windröschen *(Anemone nemorosa)* an den Tag. Deshalb können beide Pflanzen gut zusammen verwendet werden. Etwas später blüht das Gelbe Windröschen *(Anemone ranunculoides)*, welches einen deutlich schwächeren Ausbreitungsdrang aufweist als seine weiß blühende Schwester. Eine wunderschöne Blütenform hat das strahlend lila-blau blühende Leberblümchen *(Hepatica nobilis)*. Nicht nur seine Blüten sind ein Traum, auch die hübschen, herzförmigen Blätter erfreuen das ganze Jahr. Fühlt es sich wohl, versamt es sich ganz sachte. Wenn ihm ein Standort missfällt, macht eine Nachpflanzung keinen Sinn – das muss man leider akzeptieren. Viel zu selten in Gärten zu finden ist die Quirlblättrige Zahnwurz *(Cardamine enneaphyllos)*. An aufrechten Stängeln sitzen blassgelbe Glöckchen. Mit ihrem horstig, aufrechten Wuchs sollte sie rhythmisch im Beet verteilt werden. Über der Pflanzung stehen wilde Narzissen *(Narcissus pseudonarcissus)*.

Möchte man solche Pflanzungen langfristig etablieren, ist es sinnvoll, eine Mullauflage aus Buchenlaub auszustreuen. Zudem sollte der Boden kalkhaltig, auf keinem Fall aber sauer sein. Die ausbreitungswilligen Stauden sind zunächst lediglich initial zu setzen und alle, welche horstig wachsen, als Akzente dazwischen.

Einkaufsliste

ÜPPIGES FRÜHLINGSBEET (10 M²)

- ☐ 20 × Busch-Windröschen, *Anemone nemorosa*
- ☐ 20 × Gelbes Windröschen, *Anemone ranunculoides*
- ☐ 5 × Quirlblättrige Zahnwurz, *Cardamine enneaphyllos*
- ☐ 10 × Hohler Lerchensporn, *Corydalis cava*
- ☐ 15 × Leberblümchen, *Hepatica nobilis*
- ☐ 30 × Wilde Narzisse, *Narcissus pseudonarcissus*

Das üppige Frühlingsbeet hat jetzt seinen großen Auftritt. Danach ziehen viele Pflanzen ein.

KURZLEBIGE VAGABUNDEN

— *perfekt für den Naturgarten*

Ein spannendes Thema für den Naturgarten sind kurzlebige, meist zweijährige Stauden. Sie blühen üppig, sind beste Nahrung für Insekten und suchen sich durch Selbstaussaat ihre idealen Standorte zum Wachsen.

01

02

Möchte man diese Kurzlebigen etablieren, ist es am besten, dies über eine Ansaat zu tun. Denn die meisten Vagabunden haben eine tiefe Pfahlwurzel, die ein Umpflanzen schlecht verträgt. Ein wahres blaues Blüten-Highlight für einen sonnigen, eher trockenen Garten ist der Gewöhnliche Natternkopf. Er bildet im ersten Jahr eine große Rosette aus dunklen, rauen Blättern. Im Jahr darauf schiebt er seine Blütentriebe in die Höhe, welche unermüdlich fast den ganzen Sommer über in Blau blühen. Ebenfalls zweijährig ist die Wilde Karde. Ihre abgeblühten Blütenstände schmücken über Monate das Beet. Die darin enthaltenen Samen sind im Winter ein beliebtes Futter bei Vögeln wie Distelfinken. In ebenfalls sonnigen Gartenbereichen fühlt sich die Schwarze Königskerze wohl. In Ausnahmefällen kann sie sogar auch etwas länger als zwei Jahre leben. Ihre Blütenstände sind im Winter ebenfalls eine Zierde. Für eher halbschattige Standorte und normalen Gartenboden ist die nicht sehr langlebige Nachtviole geeignet. Sie duftet, wie der Name schon sagt, abends und nachts am intensivsten. Zu viel des Guten? Kein Problem! Der eine oder andere Vagabund kann sich im Laufe der Jahre zu stark versamen, einzelne Arten können überhandnehmen und damit eventuell eine Pflanzung aus der Balance bringen. Dem kann man Abhilfe schaffen: einfach die noch nicht ausgereiften Samenstände vor der Selbstaussaat entfernen. Damit wird der Kreislauf unterbrochen.

03

04

01 *Die lilafarbene Nachtviole (Hesperis matronalis) wird durch eine weiß blühende Lichtnelke (Silene dioica) in Szene gesetzt.*

02 *Die Schwarze Königskerze (Verbascum nigrum) ist etwas kleiner und graziler als andere Verbascum-Arten. Damit lässt sie sich auch sehr gut in Staudenkompositionen integrieren.*

03 *Die distelartigen Blüten der Wilden Karde (Dipsacus fullonum) sind nicht nur hübsch anzusehen, sie sind auch sehr beliebt bei Wildbienen. Später erfreuen sich Vögel an ihren Samen.*

04 *Zwischen dem Natternkopf (Echium vulgare) stehen noch die attraktiven Samenstände der Wilden Karde vom Vorjahr.*

STAUDENBEETE UNTER GEHÖLZEN & IM SCHATTEN

Abgeleitet von natürlichen Standorten wie lichten Wäldern und sonnigen Gehölzrändern kann man wunderschöne Pflanzflächen mit schattenliebenden Wildstauden anlegen. Sie benötigen meist einen nährstoffreichen, nicht zu trockenen Boden.

Bäume und Sträucher mit einer Krautschicht zu unterpflanzen, hat mehrere Vorzüge. Zunächst kann man so in Etagen gestalten, wobei das Gehölz das ganze Jahr für Struktur sorgt. In Wäldern, wo der Boden meist bewachsen ist, finden sich viele blühende Waldstauden, aber auch Arten mit attraktiven Blättern. Diese sehen nicht nur schön aus, sie erleichtern auch unser Gartenleben: Eine gezielt gepflanzte Vegetationsdecke bedeutet zum einen, dass der Boden seine Feuchtigkeit beibehält, und zum anderen verhindert sie ungewollten Aufwuchs. Grundvoraussetzung hierfür ist, dass das jeweilige Gehölz nicht zu flache, konkurrierende Wurzeln hat und nicht zu dicht belaubt ist. Nadelgehölze sind schwer zu unterpflanzen.

IN STOCKWERKEN GEDACHT

Die zarten Blätter von Birken lassen genügend Licht durch, sodass auf dem Boden Wildstauden gedeihen können. Auf kleinstem Raum wächst hier direkt am Fuß der Birke der lila blühende,

Vergissmeinnicht und Lungenkraut passen gut unter Gehölze.

Einkaufsliste

IN STOCKWERKEN GEDACHT (4 M²)

- ☐ 7 × Gefüllte Akelei, *Aquilegia Vulgaris*-Hybride 'Black Barlow' (alternativ: Schwarzviolette Akelei, *Aquilegia atrata*)
- ☐ 1 × Hohe Wolfsmilch, *Euphorbia cornigera*
- ☐ 3 × Brauner Storchschnabel, *Geranium phaeum*
- ☐ 5 × Blut-Storchschnabel, *Geranium sanguineum*
- ☐ 5 × Wald-Storchschnabel, *Geranium sylvaticum*

In Stockwerken gedacht: Gehölze mit Unterpflanzung

Unter Felsenbirnen wirken bunte Blühstauden.

heimische Wald-Storchschnabel *(Geranium sylvaticum)*. Er ist horstig, kann sich aber auch versamen. Aufgrund seiner mittleren Größe sollte er nicht im Vordergrund stehen. Besser hierfür eignet sich Blut-Storchschnabel *(Geranium sanguineum)*, wenn genügend Licht vorhanden ist. Als dritter im Bunde, noch etwas höher als der Wald-Storchschnabel, wächst der Braune Storchschnabel *(Geranium phaeum)*. Im gleichen Farbton bringen die Blüten der Gefüllten Akelei (*Aquilegia Vulgaris*-Hybride 'Black Barlow') schwarzrote Akzente, welche wie über dem Grün zu schweben scheinen. Das Dunkel steht im schönen Kontrast zur Birkenrinde. Trotz ihrer vermeintlich gefüllten Blüte, wird diese Akelei von Bienen angenommen und bestäubt. Wachsen noch andere Akeleien im Garten, können sich diese kreuzen und interessante Formen entstehen lassen. Es wäre hier alternativ auch möglich, die Schwarzviolette Akelei *(Aquilegia atrata)* zu pflanzen. Egal für welche man sich entscheidet: die Pflanzen locker zwischen die anderen Stauden im Beet-Mittelgrund mischen! Im Hintergrund wächst hier noch ergänzend die Hohe Wolfsmilch *(Euphorbia cornigera)*. Sie ist zwar eine Wildstaude, aber bei uns nicht heimisch.In Stockwerken gedacht

BUNTE FÜSSE

Felsenbirnen lassen sich sehr gut unterpflanzen, sowohl die heimische, wärmeliebende *(Amelanchier ovalis)* als auch die deutlich höher werdende, nordamerikanische Kupfer-Felsenbirne *(Amelanchier lamarckii)*. Beide haben im Frühling unzählige weiße Blüten und einige Monate später eine auffällige, orangerote Herbstfärbung. Dazu passt in der Krautschicht flächig gepflanzt die Schnee-Marbel *(Luzula nivea)* mit ihren wunderschönen Blütenständen. Gut funktioniert auch das Echte Lungenkraut *(Pulmonaria officinalis)* mit seinen rosafarbenen und blauen Blüten, hier in Kombination mit dem einjährigen Vergissmeinnicht *(Myosotis arvensis)*.

BUNTE BLÜTEN IM LICHTEN SCHATTEN

Saumgesellschaften sind in der Natur ökologisch besonders hochwertig, da sie einen Übergang von schattiger Waldvegetation zu sonnigen Wiesen bilden. In der freien Landschaft werden sie leider immer weniger, für den Garten finden sich hier aber ausgesprochen schöne und blütenreiche Wildpflanzen. Manche funktionieren sogar noch im Schatten. Was allen gemein ist: Sie benötigen einen lockeren, humosen Boden. Er darf nicht zu trocken sein, so wie sie ihn am Waldrand auch vorfinden.

SÄUME – FLIESSENDE ÜBERGÄNGE

Als würde er dem Licht entgegenwachsen, steht gut aufrecht im Hintergrund dieser Staudenkombination der Großblütige Fingerhut *(Digitalis grandiflora)*. Dieser ist im Gegensatz zu dem zweijährigen Roten Fingerhut eine langlebige Staude. Mit seinen hellgelben Blütenständen sticht er genauso hervor wie die weiß blühende Variante der Nesselblättrigen Glockenblume (*Campanula trachelium* var. *alba*). Bei ihr handelt es sich übrigens um keine Züchtung; man findet sie tatsächlich ab und an mit weißen Blüten in der Natur. Im Anschluss geht es langsam über in eine wiesenartige Hochstaudenflur aus Wiesen-Storchschnabel *(Geranium pratense)*. Dieser sollte in den Vordergrund gesetzt werden. Der deutlich später blühende Blaue Eisenhut *(Aconitum napellus)* steht eingestreut dazwischen, noch vor dem Fingerhut. Dieser wird im Herbst mit seinen hochstehenden blauen Blütenständen die gelben Kerzen als Struktur ablösen. Im Garten ist Eisenhut auch deshalb interessant, da er von Schnecken gemieden wird. Im Mittelgrund blüht der aus dem Mittelmeerraum stammende Quirlblütige Salbei *(Salvia verticillata)*. Er ist eher kurzlebig und wird im Laufe der Zeit vom Wiesen-Salbei abgelöst werden. Als temporärer Hingucker passt er sich gut in die Pflanzung ein.

ZART UND TUFFIG

Die mit ihren grazilen, weißen Blüten bestechende Große Sternmiere *(Stellaria holostea)* ist ein guter Bodendecker für halbschattige Bereiche. Sie

Einkaufsliste

SÄUME – FLIESSENDE ÜBERGÄNGE (10 M²)

- ☐ 5 × Blauer Eisenhut, *Aconitum napellus*
- ☐ 10 × Nesselblättrige Glockenblume, *Campanula trachelium* var. *alba*
- ☐ 10 × Großblütiger Fingerhut, *Digitalis grandiflora*
- ☐ 15 × Wiesen-Storchschnabel, *Geranium pratense*
- ☐ 10 × Quirlblütiger Salbei, *Salvia verticillata*

02

01

03

benötigt Waldboden, welcher nicht zu trocken ist. Attraktives Merkmal neben ihren Blüten ist ihr immergrünes Laub. Manchmal fällt sie nach der Blüte stark auseinander, dann kann man sie zurückschneiden – sie treibt willig wieder aus. Dazu passt bestens der Wald-Frauenfarn *(Athyrium filix-femina)*. Er bleibt horstig, braucht etwas Zeit zur Entwicklung und wird im Laufe der Jahre in seiner Gestalt immer schöner.

Ein etwas ungewöhnlicher Storchschnabel ist der Braune Storchschnabel *(Geranium phaeum)*. Seine Blüten stehen fast schwebend auf hohen, zarten Stängeln. Im Schatten verschwindet manch-

01 *Brauner Storchschnabel kontrastiert gut mit dem hellen Wiesen-Kerbel.*

02 *Säume aus zartgelbem Fingerhut und dem Wiesen-Storchschnabel bilden fließende Übergänge.*

03 *Frischgrüner Wald-Frauenfarn und reinweiße Blüten der Sternmiere tun im Schatten gut.*

01

02

mal sein dunkler Blütenfarbton. Wer den Bereich aufhellen möchte, dem sei die weiß blühende Alba-Form ans Herz gelegt. Die Art wächst horstig und ist sehr unkompliziert, wenn sie den richtigen Platz bekommen hat. Mit lockerer Leichtigkeit ergänzt der Gewöhnliche Wiesen-Kerbel *(Anthriscus sylvestris)* mit seinen weißen Doldenblüten den Braunen Storchschnabel.

BODENDECKER – FÜR ENTSPANNUNG IM GARTEN

Im Reich der Waldstauden finden sich ausgesprochen viele Bodendecker. Diese zeichnen sich dadurch aus, dass sie sich durch oberirdische oder unterirdische Ausläufer je nach Wuchsverhalten schnell oder langsam ausbreiten. Im Gegensatz zu horstig wachsenden Stauden, schließen sie komplett den Boden. Sie sind zwar kein Allheilmittel, doch tragen sie erheblich zu einem pflegleichten Garten bei. Haben sie Gartenbereiche besiedelt und für sich erobert, tun sich andere Pflanzen hier schwer – damit ist vor allem ein nicht gewollter Aufwuchs gemeint. Wichtig ist allerdings, dass bei der Pflanzung im Boden keine konkurrierenden Wurzelunkräuter wie Giersch enthalten sind. Denn diese sind meist noch dominanter.

BALANCEAKT AM BODEN

Eine flächige, niedrige Bepflanzung ist praktisch und bringt gestalterisch Ruhe in einen Garten. Je nach Art haben allerdings auch Bodendecker einen ausgesprochenen Ausbreitungsdrang. Möchte man sie nun mit anderen Stauden kombinieren, müssen diese dem Druck standhalten. Ein wüchsiger, aber toleranter Bodendecker ist der Kriechende Günsel *(Ajuga reptans)*. Man kann ihn sowohl am Gehölzrand als auch in der Sonne pflanzen. Wichtig ist ihm ein nährstoffreicher, leicht feuchter Boden – ein Waldboden. Er wächst sehr niedrig; über seinen ledrigen Blättern stehen dunkelblaue Blütenkerzen, welche eine unglaubliche Anziehungskraft auf Hummeln ausüben. Die Kombination mit der später lilablau blühenden und deutlich höheren Berg-Flockenblume *(Centaurea montana)* funktioniert gut: Der Günsel umschließt zwar die Flockenblume,

03

01 *Balanceakt am Boden: Kriechender Günsel und Wald-Erdbeere bedecken flächig, auch zwischen Trittplatten, vor der erst später blühenden Flockenblume machen sie allerdings Halt.*

02 *Das Immergrün braucht Zeit, bis es sich zu einem prächtigen Bodendecker entfaltet. Fühlt es sich wohl, benötigt es keine Pflege.*

03 *Auf mit Laub durchsetztem Waldboden gedeiht der Waldmeister besonders gut. Er breitet sich langsam teppichartig aus.*

doch er wächst radial horstig weiter. Keiner gewinnt, beide leben in Eintracht nebeneinander. Deutlich stärker im Ausbreitungsdrang ist die Wald-Erdbeere *(Fragaria vesca)*. Sie breitet sich durch Absenker aus, an denen kleine neue Tochterpflanzen anhängen. Ihre weißen Blüten erscheinen zeitgleich mit denen des Günsels im Frühling. Später im Sommer erfreut sie uns mit süßen, aromatischen kleinen Erdbeeren.

IMMERGRÜN UND WOHLRIECHEND

Ein wahrer Alleskönner für den Schatten ist das Kleine Immergrün *(Vinca minor)*. Wie der Name schon verrät: Es ist das ganze Jahr über grün. Im Laufe der Zeit bildet es mit seinem dunklen, glänzenden Laub einen schönen Teppich. Das dauert zwar etwas, aber ist ein Bereich komplett besiedelt, bleibt dieser langfristig so. Von April bis Juni schmücken seine blassblauen Blüten zusätzlich. Auf humosem, aber frischem Boden ist es anspruchslos. Im Handel gibt es auch weiße Sorten, welche im Schatten hervorragend strahlen. Die dunkellilafarbenen Sorten sind weniger wüchsig, auch ihre Farbwirkung fällt zurück.

WEITERE WILDE BODENDECKER

Bei der Anlage mit Bodendeckern sollte man einen engen Pflanzabstand wählen, um schnell die gewünschte Wirkung zu erzielen: 15 bis 25 Pflanzen pro Quadratmeter.

Sonne

— Orangerotes Habichtskraut, *Hieracium aurantiacum*
— Pfennigkraut, *Lysimachia nummularia*
— Weißes Fingerkraut, *Potentilla alba*
— Gold-Fingerkraut, *Potentilla aurea*
— Kleine Braunelle, *Prunella vulgaris*

Schatten

— Heimische Haselwurz, *Asarum europaeum*
— Maiglöckchen, *Convallaria majalis*
— Echte Goldnessel, *Lamium galeobdolon*
— Blauroter Steinsame, *Lithospermum purpurocaeruleum*
— Echtes Lungenkraut, *Pulmonaria officinalis*

Für waldartige Situationen im Garten eignet sich der Echter Waldmeister *(Galium odoratum)*. Nicht nur, dass er im Mai den Boden mit einem zartweißen Blütenflaum überzieht: Seine duftenden Blätter sind Bestandteil der Mai-Bowle.

FREILANDORCHIDEEN

— *heimische Superlative*

Bei Wanderungen durch naturbelassene Landschaften kann man die eine oder andere heimische Orchidee entdecken. Alle stehen unter Schutz, viele auf der Roten Liste. Sie dürfen bestaunt werden – mehr auch nicht.

Es gibt verschiedene Sorten im Handel, welche gar nicht so schwer im Garten zu etablieren sind, wenn der Standort passt. Alle Orchideen sind dann sehr langlebig. Sie werden mit der Zeit immer kräftiger und schöner. Alle wilden Orchideen dürfen niemals gedüngt werden.

Eine der seltensten heimischen Wild-Orchideen ist der Gelbe Frauenschuh *(Cypripedium calceolus)*. Seine großen schuhartigen gelb-braunen Blüten erscheinen von Mai bis Juni. Die Gartenformen blühen auch in Weiß, zartem Gelb oder Rosa. Sein natürlicher Standort sind lichte Laubwälder. Dort lebt er in Symbiose mit Pilzen. So sollte er auch im Garten eingesetzt werden. Abgesehen von etwas Schatten braucht er den richtigen Boden: Bringen Sie etwas Walderde und Laub großzügig an der Stelle aus, wo der Frauenschuh später wachsen soll. Pflanzzeit ist der Herbst, da er bodennah als Wurzelware (verdickte Rhizome) gesetzt wird. Nach der Pflanzung wird der Bereich nochmals mit Buchenlaub etwas abgestreut. Es lohnt sich, größere, vorgezogene Rhizome zu pflanzen, da er sonst erst nach einigen Jahren blühen würde. Frauenschuh erreicht je nach Sorte eine Größe von 40 bis 60 cm. Er lässt sich schön mit anderen Waldbewohnern kombinieren, zum Beispiel mit Wurmfarn *(Dryopteris filix-mas)*, Riesen-Segge *(Carex pendula)* und Wald-Schmiele *(Deschampsia cespitosa)*.

Im Gegensatz zum Frauenschuh sind Knabenkräuter *(Dactylorhiza)* Wiesenbewohner. Für den Garten gibt es schöne Formen in Weiß oder Purpurfarben. Ihre Blütezeit ist im späten Frühling. Der Standort muss immer sonnig sein, der Boden ist allerdings der Art entsprechend zu wählen. So bevorzugt das Purpur-Knabenkraut *(Dactylorhiza purpurella)* einen eher humosen Boden. Die Pflanzung erfolgt im Herbst als Wurzelware nicht sehr tief: Der schon deutlich sichtbare Knospentrieb sollte noch ein wenig über dem Boden heraussehen. Hübsch wirkt es zusammen mit dem Breitblättrigen Wollgras *(Eriophorum latifolium)* oder dem Moor-Pfeifengras *(Molinia caerulea)*.

01

02

01 Der in lichten Wäldern vorkommende wilde Frauenschuh mit seinen imposanten Blüten ist nur noch selten in der Natur zu finden.

02 Frauenschuh-Gartenformen brauchen wie ihre wilden Verwandten Waldboden zum Wachsen.

03 Am Naturstandort wachsen Knabenkräuter sowohl auf trockenen Wiesen als auch im Feuchten – Hauptsache sie bekommen genug Sonne.

04 Mit der Zeit können Knabenkräuter auf einer ungedüngten Wiese im Garten verwildern.

03

04

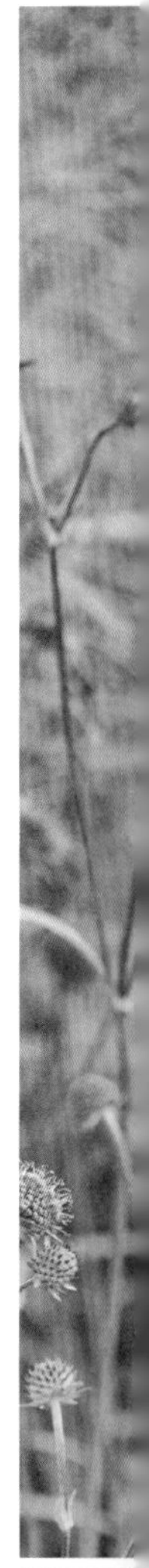

AM WASSER – VON FEUCHT BIS NASS

Wasser ist ein ganz besonders faszinierendes Element im Garten: stehend in Form eines Teiches oder Feucht-Biotopes oder fließend als Bach. Es bietet ganz anderen Pflanzen und Tieren einen Lebensraum. Kaum ist Wasser da, finden sich schon erste Bewohner wie Libellen ein.

ARTENREICHE TEICHRÄNDER

Werden im Garten Wasserflächen angelegt, sollte man sich vor allem mit der Teichrandausbildung auseinandersetzen. Diese muss so gestaltet sein, dass in unterschiedlichsten Tiefenzonen die jeweils passenden Pflanzen wachsen können. In der Flachwasserzone, welche dem oberen Wasserspiegel entspricht, sollte immer ein wenig Wasser stehen oder es sollte zumindest sumpfig sein. Denn die Pflanzen für diesen Bereich dürfen nicht austrocknen. Der Fieberklee *(Menyanthes trifoliata)* mit seinen frischgrünen, dreigeteilten Blättern ist für diesen Standort ein gutes Beispiel. Er breitet sich durch kurze Ausläufer im Wasser langsam aus. Alle paar Jahre sollte man ihn reduzieren. Im Mai bis Juni erfreut er mit seinen hübsch ausgefransten, weißen Blüten. Auch die Flatter-Binse *(Juncus effusus)*, welche eine straff aufrechte Struktur in eine Pflanzung bringt, sollte unbedingt beobachtet werden. Wenn sie zu breitwüchsig wird, sind ein paar Pflanzenteile zu entfernen. Am Teichrand macht sich das robuste, eng am Boden liegende Pfennigkraut *(Lysimachia nummularia)* gut. Von Juni bis Juli schiebt es über und über gelbe Blütenteppiche. Wenn man um den starken Drang zur Ausbreitung im Vorfeld weiß, kann man damit gut umgehen: Am besten jährlich etwas zurücknehmen. Unkompliziert hingegen sind die Sumpfdotterblume *(Caltha palustris)* und der Blut-Weiderich *(Lythrum salicaria)*, welcher ein echter Hochsommerblüher ist. In dieser Zeit entfaltet er mit seinen dunkelrosa, aufrechten Blütenkerzen seine Pracht. Spannend ist, dass er sowohl in feuchten Böden, wie auch normalem Gartenboden wachsen kann.

BUNTE FEUCHTWIESE IM GARTEN

Sei es am Teichrand oder in einem Sumpfbeet, sowohl die Kuckucks-Lichtnelke *(Lychnis flos-cuculi)* als auch der Sumpf-Teufelsabbiss (*Succisa pratensis* var. *palustris*) bringen Farbe ins Spiel. Am Naturstandort finden wir sie in Streuwiesen. Dort, ebenso wie im Garten, versamen sie sich gut und bilden mit der Zeit schöne, wiesenartige Bestände.

IMMER IM FLUSS

Wer das große Glück hat, in seinem Garten einen Bachlauf zu haben, und sei dieses Rinnsal noch so klein, der sollte es sichtbar machen und ausgestalten. In der Landschaft wurden Bäche immer mehr verrohrt, kaum ein Graben findet sich noch

01

01 Am aus Natursteinen natürlich gestalteten Teichrand wachsen in der Sumpfzone weiß und rosa blühende Kuckucks-Lichtnelken.

02 Der Sumpf-Teufelsabbiss ist ein hochsommerlicher Blüher und zudem eine sehr gute Schmetterlings- und Bienenweide.

03 Die an artenreichen Teichrändern wachsenden Pflanzen wie der Fieberklee breiten sich durch Ausläufer aus.

02

03

PFLANZEN FÜR FEUCHT-NASSE STANDORTE

— Sumpfdotterblume, *Caltha palustris*
— Flatter-Binse, *Juncus effusus*
— Kuckucks-Lichtnelke, *Lychnis flos-cuculi*
— Pfennigkraut, *Lysimachia nummularia*
— Blut-Weiderich, *Lythrum salicaria*
— Fieberklee, *Menyanthes trifoliata*
— Gewöhnlicher Teufelsabbiss, *Succisa pratensis*

auf bäuerlichen Kleinstrukturen. Und in Städten ist es nicht anders. Wasser, so wichtig dieses Elixier auch ist, wurde oft unter die Erde verbannt. Und wie schön ist es, an einem Bach zu sitzen, dem Plätschern zuzuhören und Tiere zu beobachten. Doch dazu braucht es die richtige Bepflanzung. Üppig sollte sie sein, um die Atmosphäre zu unterstützen und zugleich Lebensraum für Tiere zu bieten.

NATÜRLICHER BACHLAUF

Randbereiche von Bächen sind meist nährstoffreich, humos und weniger kalkreich. Farne wie Königsfarn *(Osmunda regalis)* oder Wald-Frauenfarn *(Athyrium filix-femina)* lieben solche Standorte, wenn sie zudem beschattet sind. Entlang dieses Wasserlaufes stehen sie in lockerem Wechsel, wie auch die Sumpfdotterblume *(Caltha palustris)*. Um den feucht-waldigen Charakter zu verstärken, blühen Akeleien *(Aquilegia vulgaris)* in rosafarbener Form. Vereinzelt eigestreut ist die gelbe Trollblume *(Trollius europaeus)*. Als wiederkehrende, fast flächige Staude wächst der Sumpf-Storchschnabel *(Geranium palustre)*. Er wird erst im Juni mit seinen rot-violetten Blüten in Erscheinung treten. Als zartblauer Frühlingsblüher wurde das Kaukasusvergissmeinnicht *(Brunnera macrophylla)* dazu kombiniert. Zwar ist es nicht heimisch, doch in Maßen eingesetzt, absolut gartenwürdig: Es blüht allerliebst, wird von frühen Wildbienen besucht und hat ein attraktives Laub. Gleiches gilt für die Lenzrose *(Helleborus orientalis)*. Sie ist eine alte Gartenpflanze und es nicht nur wegen ihrer frühen Blüten, sondern vor allem wegen ihres attraktiven Wuchses wert, in einem feucht-nährstoffreichen Beet eingeplant zu werden.

FRÜHLINGSBOTEN UND ZARTE SOMMERWOLKEN

Die Sumpfdotterblume *(Caltha palustris)* mit ihren strahlend dottergelben Blüten läutet den Frühling ein. Sie sollte in keiner gewässernahen Pflanzung für feuchte Standorte fehlen, denn auch im Sommer ist ihr Laub noch attraktiv. An kühl-feuchten Standorten im Halbschatten wächst der Rundblättrige Steinbrech *(Saxifraga rotundifolia)*. Eine wunderschöne Staude, deren filigrane weiße Blüten perfekt über den grünen Blattrosetten stehen.

01

02

01 *Der Rundblättrige Steinbrech benötigt einen feuchten und kühl-schattigen Standort. Er wirkt in größeren Gruppen gepflanzt am besten. Seine Blüten bezaubern uns im Sommer.*

02 *Ein richtiger Frühlingsbote ist die Sumpfdotterblume. Sie funktioniert im Sumpfbeet, aber auch direkt im flachen Wasser.*

03 *Ein natürlicher Bachlauf im halbschattigen Garten hat einen seiner Blühhöhepunkte im Frühling. Später kommen Stauden und Farne mit attraktiven Blättern zur Geltung.*

Einkaufsliste

NATÜRLICHER BACHLAUF (10 M²)

- ☐ 10 × Akelei, *Aquilegia vulgaris*
- ☐ 2 × Wald-Frauenfarn, *Athyrium filix-femina*
- ☐ 7 × Kaukasusvergissmeinnicht, *Brunnera macrophylla*
- ☐ 8 × Sumpfdotterblume, *Caltha palustris*
- ☐ 5 × Sumpf-Storchschnabel, *Geranium palustre*
- ☐ 10 × Lenzrose, *Helleborus orientalis*
- ☐ 1 × Königsfarn, *Osmunda regalis*
- ☐ 5 × Trollblume, *Trollius europaeus*

03

WILDE WIESEN
— *und bunte Ansaaten*

Die Begriffe „Wiese" und „Blühansaaten" müssen auseinandergehalten werden. Leider wird der Begriff „Wiese" für viele Flächen verwendet, auch wenn diese gar keine echten Wiesen sind.

01

02

Eine echte Wiese ist eine langfristige Pflanzengesellschaft, die Sonne braucht und immer auch Gräser enthält (natürliche Wiesenstandorte, siehe S. 18 / Saatgut und Ansaattechnik, siehe S. 81). Im Garten sollte eine große Fläche dafür vorgesehen werden, damit sie in ihrer Natürlichkeit gut zur Wirkung kommt. Sie muss zweimal im Jahr gemäht werden, wobei das Mähgut immer zu entfernen ist.

Möchte man einen schnellen Effekt im Garten, gibt es schöne heimische Einjährige. Sie entstammen meist dem sogenannten Ackerbegleitflor, also Pflanzen, welche früher auf Äckern zu finden waren. Die Ansaat erfolgt im Frühling, bei Kaltkeimern schon im Herbst. Da alle diese Arten Lichtkeimer sind, sollte das Saatgut immer im gut vorbereiteten Beet obenauf liegen und nicht eingearbeitet werden. Diese Einjährigen benötigen einen normalen Gartenboden, welcher nicht zu mager und trocken sein darf. Insofern funktionieren sie sowohl flächig als auch als Zwischensaat im Staudenbeet. Vorausgesetzt, es ist genügend Licht und Platz vorhanden. Nun entwickeln sie sich recht schnell und kommen ab dem Frühsommer zur Blüte. Gut bestäubt von Wildinsekten, setzen sie Samen an und erhalten sich auf diese Art. Dazu benötigen sie einen offenen Boden, um in der nächsten Vegetationsperiode wieder keimen zu können. Ist dies nicht der Fall, verschwinden sie. Möchte man also im nächsten Jahr diese Sommerblüher wieder haben, ist es am sinnvollsten, Samen zu sammeln und an geeigneter Stelle wieder auszusäen.

03 04

01 *Einjähriger Klatsch-Mohn ist keine Wiesenpflanze, sondern wächst in der heimischen Natur auf Feldern.*

02 *Wildblumenwiese mit violettblauem Wegerichblättrigem Natternkopf (Echium plantagineum 'Blue Bedder'), pinkem Nelken-Leimkraut (Silene armeria) und blauer Kornblume (Centaurea cyanus)*

03 *Die mehrjährige Wiesen-Witwenblume ist ein typischer Vertreter langfristiger, artenreicher Wiesen.*

04 *Das erste Jahr ist die Entwicklungsphase, die man geduldig durchstehen muss. Ab dem zweiten Standjahr beginnt eine Wiese zu blühen und wird ab da bei richtiger Pflege immer stabiler.*

☞ EINJÄHRIGE KALTKEIMER FÜR SOMMERBEETE

NAME	BLÜTENFARBE
GEWÖHNLICHE KORNRADE *Agrostemma githago*	Pink
ACKERRITTERSPORN *Consolida regalis*	Blau
ACKER-VERGISSMEINNICHT *Myosotis arvensis*	Hellblau
KLATSCH-MOHN *Papaver rhoeas*	Rot

GARTENSITUATIONEN

In Gärten finden sich unterschiedlichste Situationen und Themen. Diese entstehen zum einen durch ihren Standort und ihre Ausgangslage, aber auch durch die Nutzungsansprüche der Besitzer.

WEGE & PLÄTZE IM GARTEN

Artenreiche und bunte Pflanzungen bringen Leben in den Garten. Aber erst mit Wegen und Sitzplätzen können wir uns auf Entdeckungstour begeben. Kleine Pfade durchziehen Beetanlagen, lassen uns neugierig weiterbewegen. Sitzplätze laden hingegen zum Verweilen und ruhigen Beobachten ein.

SONNIGE SÄUME AN WEGEN

Kein Randthema! Auf der Gestaltung von wegebegleitender Vegetation sollte ein ganz besonderes Augenmerk liegen. Denn dies sind die Übergänge von höheren Pflanzungen zu begehbaren Flächen. Deshalb arbeitet man hier mit niedrigem Grün, nach Möglichkeit mit eher kompaktwüchsigen Stauden. Je weiter entfernt vom Weg, desto höher dürfen die Pflanzen sein. Zugleich wird aber auch der Weg selbst zur „Pflanzfläche". Denn Wildpflanzen haben das Potenzial, sich zu vermehren und sich ihre eigenen Wuchsstandorte zu suchen. Oftmals sind dies Pflasterfugen. An Kieswegen fühlen sich vor allem Hungerkünstler wohl. Und so vagabundieren Stauden von der Randbepflanzung langsam in die Belagsflächen. Damit bilden sie auf natürliche Art und Weise einen fließenden Übergang, welchen man durch eine gezielte Pflanzung nur schwer hinbekommt. Dieses Spiel zwischen Statik und Dynamik wurde hier an diesem kleinen Sitzplatz (Bild 03) ganz bewusst eingesetzt. Zum einen eignen sich Kiesbeläge gut für sonnige Gartensituationen und zum anderen kann man an den Rändern all die Pflanzen verwenden, welche auch im Kiesgarten wachsen. Strukturgebende Staude ist hier zunächst die Purpur-Fetthenne 'Matrona' (*Sedum telephium* 'Matrona'), eine Sorte unserer heimischen Art. Steht sie trocken, was hier der Fall ist, dann ist sie standstark. Schön an sonnigen Wegen machen sich duftende Thymian-Arten. Wie die Fetthenne benötigt Gewürz-Thymian *(Thymus vulgaris)* einen mageren Fuß, womit sie gut zusammenpassen. Auch der Berg-Lauch (*Allium senescens* ssp. *montanum*), der wie ein größerer Schnittlauch aussieht, braucht zwingend ein steinig-durchlässiges Substrat. Eine Kiestragschicht am Wegesrand ist da genau richtig. Mit seinem fast schon kugeligen Wuchs steht er im Vordergrund. Der Rest der Beetfläche wurde mit kurzlebigen, leicht versamenden Arten gestaltet: Weiße Lichtnelke (*Lychnis coronaria* 'Alba'), einjährige Saat-Wucherblume *(Chrysanthemum segetum)* oder Klatsch-Mohn *(Papaver rhoeas)*. Diese Arten werden durch die Beete vagabundieren, sicherlich auch in den Weg.

FLIESSENDE ÜBERGÄNGE

Wanderer im Garten eignen sich bestens als Ritzenbesiedler. Sind Fugen in Wegebelägen groß genug, können sie dort keimen und wachsen. Im klassischen Garten wird oft genau diese Vegetation entfernt. Verändern wir doch einfach unsere Sichtweise und erfreuen uns über die fließenden, farbigen Übergänge am Wegesrand. Die eher hohe Wilde Karde *(Dipsacus fullonum)* und der Gewöhnliche Natternkopf *(Echium vulgare)* sind die Pioniere. Die Wegebereiche, welche oft begangen werden, bleiben dadurch automatisch frei von hoher Vegetation. Einfach Pflege durch Nutzung! Im Halbschatten funktionieren Einjähriges Silberblatt *(Lunaria annua)* und Vergissmeinnicht *(Myosotis arvensis)*.

01

01 *Vagabundierende Stauden suchen sich ihren Standort in den Pflasterlücken.*

02 *Vergissmeinnicht und lila blühendes Silberblatt säumen einen schattigen Gartenweg.*

03 *Sonnige Säume mit bunten Sommerblumen, kurzlebigen Vagabunden und Thymian sind besonders für die Randbereiche von Kieswegen und kleinen Sitzplätzen geeignet.*

02

03

Einkaufsliste

SONNIGE SÄUME AN WEGEN (3 M BEIDSEITIG)

- ☐ 5 × Berg-Lauch, *Allium senescens* ssp. *montanum*
- ☐ 3 × Weiße Lichtnelke, *Lychnis coronaria* 'Alba'
- ☐ 10 × Purpur-Fetthenne, *Sedum telephium* 'Matrona'
- ☐ 12 × Gewürz-Thymian, *Thymus vulgaris*
- ☐ Saatgut: Saat-Wucherblume, *Chrysanthemum segetum*, und Klatsch-Mohn, *Papaver rhoeas*

Wiesenartige Pflanzungen in der Nähe eines Sitzplatzes bilden einen perfekten Rahmen zum Beobachten und Entspannen. Stauden, welche sich durch Selbstaussaat vermehren, sind besonders geeignet.

SITZPLATZ IN DER WIESE

Wer träumt nicht gern zwischen Blumen, beobachtet Schmetterlinge, hört dem Zirpen der Grillen zu? Eine kleine Sitzgruppe zwischen wild-üppiger Bepflanzung kann das bieten. Bewusst dicht und wiesenartig sind hier Stauden miteinander kombiniert. Voraussetzung ist ein sonniger Standort, der Boden muss mager und durchlässig sein. Für derartige Mischungen eignen sich besonders Stauden, welche aus Wiesengesellschaften stammen. Hell durchzieht die Wiesen-Schafgarbe *(Achillea millefolium)* das Beet und bildet ein durchgängiges Gerüst. Sie ist anspruchslos, aber dominant und breitet sich durch kurze Wurzelausläufer aus. Deshalb ist es sinnvoll, sie immer wieder etwas zurückzunehmen. Vereinzelt eingestreut sind blau blühender Wiesen-Salbei *(Salvia pratensis)* und zartlilafarbene Wiesen-Witwenblume *(Knautia arvensis)*. Als typische Vertreter von Wiesen sind sie eher kurzlebig, versamen sich aber leicht und tragen damit zu ihrem Erhalt bei. Die Witwenblume hat eine ausgesprochen lange Blütezeit, was für Aufenthaltsbereiche besonders wichtig ist. Die an langen, dünnen Stielen sitzenden Blüten der pinkfarbenen Kartäuser-Nelke *(Dianthus carthusianorum)* schweben regelrecht über der Pflanzung. Auch sie bildet viele Samen, was aber kein Problem darstellt. Man kann gar nicht genügend von ihr haben! Eine spannende Ergänzung bildet der Flachblättrige Mannstreu *(Eryngium planum)*. Diese Wildstaude ist auf kalkig-steinigen Böden zu Hause. Allein schon wegen ihr benötigt man ein kalkig-durchlässiges Substrat. Fehlt nur noch die Moschus-Malve *(Malva moschata)*. Wegen der Strahlkraft wurde hier die weiße Form 'Alba' gewählt. Moschus-Malven sind absolut resistent gegen Schneckenfraß.

PFLANZUNG UND PFLEGE

Nach einer gründlichen Bodenvorbereitung sind alle Stauden gleichmäßig und wie zufällig zu verteilen. Es wurde eine recht hohe Stückzahl gewählt, um schnell einen Bodenschluss zu bekommen. Nun bleibt nur noch die Frage nach der Pflege. Ganze einfach: ähnlich wie bei einer Magerwiese einmal im Jahr abschneiden, am besten im zeitigen Frühjahr. Alternativ zur Pflanzung kann man die Stauden auch initial setzen und etwas Saatgut hinzugeben. Dann braucht es zwei Jahre, bis sich das Beet entwickelt hat. Kostengünstiger ist es allemal. Für eine Aussaat eignen sich Wiesen-Salbei und Wiesen-Witwenblume.

ZUM GREIFEN NAH – DUFTE KRÄUTER

Direkt an einer Terrasse Kräuter zu pflanzen, ist ziemlich praktisch: So sind sie immer griffbereit. Man kann bei gemütlichen Abendessen frische Würzkräuter über die Mahlzeit streuen. Im Randbereich einer sonnigen Veranda macht sich Schnittlauch *(Allium schoenoprasum)* bestens. Er treibt sehr zeitig im Frühling aus und seine hübschen Blütenkugeln zieren lange bis weit in den Sommer. Übrigens kann er sich bei zusagendem Standort auch bestens versamen. Dazu passt sehr schön der Wiesen-Salbei *(Salvia pratensis)*.

Der Mannstreu liefert Faltern Nektar.

Kräuter in Rosa: Wiesen-Salbei 'Rose Rhapsody' und Schnittlauch sind hübsch und lecker.

Einkaufsliste

SITZPLATZ IN DER WIESE (10 M²)

- ☐ 15 × Wiesen-Schafgarbe, *Achillea millefolium*
- ☐ 10 × Kartäuser-Nelke, *Dianthus carthusianorum*
- ☐ 10 × Flachblättriger Mannstreu, *Eryngium planum*
- ☐ 15 × Wiesen-Witwenblume, *Knautia arvensis*
- ☐ 10 × Weiße Moschus-Malve, *Malva moschata* 'Alba'
- ☐ 10 × Wiesen-Salbei, *Salvia pratensis*

WILDE TÖPFE

— *Artenvielfalt auf kleinem Raum*

Selbst in beengtesten Verhältnissen ist es möglich, mit Wildpflanzen zu arbeiten. So sehen bepflanzte Kübel auf Terrassen, Balkonen oder an Eingangssituationen nicht nur schön aus, sondern fördern auch eine Vielzahl an Tieren.

Gut, dass es unter den Wildpflanzen eine ganze Menge Hungerkünstler gibt. Für sonnige Trogbepflanzungen sind Pflanzen der Felsfluren, aber auch von trockenen Ruderalflächen wie das Gewöhnliche Leinkraut *(Linaria vulgaris)* geeignet. Haben diese es aber schon in einem sandig-kiesigen Boden nicht ganz einfach, so gilt dies erst recht für beengte Töpfe. Das in sich geschlossene System benötigt etwas Unterstützung: Die Stauden sollen im Frühling ein wenig mit einem organisch-mineralischen Langzeitdünger oder Hornspäne versorgt werden. Das Substrat darf insofern von Anfang an etwas mehr Nährstoffe haben, wichtig ist nur, dass es durchlässig ist. Überhaupt wird das Ende einer Kübelbepflanzung meist eher durch Staunässe verursacht, als von anderen Problemen. Denn dann faulen die Wurzeln. Also immer eine dünne untere Drainageschicht aus Kies einfüllen. Die Töpfe müssen alle ein Loch im Boden haben, damit das Wasser wieder abfließen kann.

Neben blühenden Stauden gibt es auch Kräuter wie Thymianarten, welche im Topf gut wachsen. Diese brauchen ganz besonders einen heißen Standort. Nicht ganz so extrem mag es der Nadelkerbel *(Scandix pecten-veneris)*. Dieser ist einjährig, versamt sich allerdings leicht. Damit ist er ein perfekter und zugleich attraktiver Lückenfüller zwischen anderen Stauden im Topf. Nicht nur verschiedene Insekten lieben seine Blüten, auch wir können seine wohlschmeckenden Blätter als Gewürz in Salaten verwenden.

01 Das Leinkraut (Linaria vulgaris) neigt zur Bildung von Ausläufern. Im Topf wird das jedoch nicht zum Problem.

02 Da in Gefäßen wenig Platz ist, sollte man in Stockwerken arbeiten: Hohe Stauden wie die Goldhaar-Aster (Aster linosyris) funktionieren neben mittelhohen wie der Rundblättrigen Glockenblume (Campanula rotundifolia). Hängend im Vordergrund wächst der Hopfenklee (Medicago lupulina).

03 Thymian wächst in mit Kies dränierten Pflanzgefäßen bestens. Er verträgt Hitze und Trockenheit.

04 Der einjährige Nadelkerbel erhält sich gut über Selbstaussaat.

01

02

03

04

01 In wilden Hecken wachsen Gehölze so lange, bis sie zu groß werden. Dann können wir sie zurückschneiden.

02 Die Alpen-Waldrebe bezaubert im Frühsommer mit ihren blauen Blüten.

03 Wilde Staudenbeete kaschieren bestens Sichtschutzwände, sofern die Pflanzen hoch genug wachsen.

02

01

03

Einkaufsliste

WALDSTAUDENBEET VOR SICHTSCHUTZ (5 × 2 M)

- ☐ 5 × Wiesen-Kerbel, *Anthriscus sylvestris*
- ☐ 20 × Wald-Schmiele, *Deschampsia cespitosa*
- ☐ 9 × Roter Fingerhut, *Digitalis purpurea*
- ☐ 10 × Wald-Erdbeere, *Fragaria vesca*
- ☐ 10 × Echtes Salomonssiegel, *Polygonatum odoratum*
- ☐ 7 × Zarter Schildfarn, *Polystichum braunii*

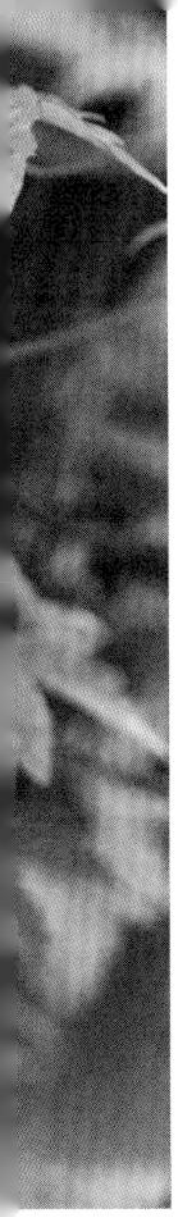

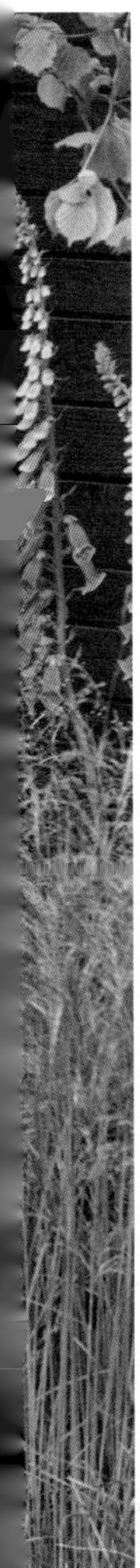

GARTENGRENZEN

Im ursprünglichen Sinn war ein Garten ein Bereich, der komplett eingezäunt war, meist um Gemüse- und Obstbeete vor gefräßigen Tieren oder unliebsamen Nachbarn zu schützen. Der Begriff hat sich erweitert, längst besteht ein Garten aus mehr als nur dem Nutzbereich, aber der umgebende Schutz ist geblieben. Heute möchten sich viele Menschen kleine Oasen schaffen, Orte der Ruhe und mit dem Gefühl der Geborgenheit, welches oft mit einer Begrenzung oder einem Sichtschutz einhergeht: einem Zaun, einer Hecke oder einer Mauer. Und obwohl diese Gartengrenzen meist viele Meter betragen und ganz besonders angelegt werden könnten, fallen sie oft gestalterisch ab und ihr Potenzial wird nicht ausgenutzt.

WILDE HECKEN

Viele Wildgehölze wie die Gewöhnlich Haselnuss *(Corylus avellana)* oder der Schwarze Holunder *(Sambucus nigra)* darf man in ihrer Größe nicht unterschätzen. Deshalb sollte man sich ihren Standort genau überlegen und ihnen den Raum zugestehen, welchen sie später benötigen. Falls sie über die Jahre doch zu mächtig werden sollten, können sie auf den Stock gesetzt werden. Das bedeutet, sie komplett zurückzuschneiden. Keine Sorge, sie treiben wieder gut aus.

SICHTSCHUTZ UND BERANKTE MAUERN

Je enger die Menschen wohnen, je kleiner die Gärten werden, desto mehr werden diese von Vertikalen dominiert, seien es Mauern, Hauswände an sich oder Sichtschutz aus unterschiedlichsten Materialien. Doch darin liegen auch Chancen. Da ist zunächst die Begrünung der Wände durch Kletterpflanzen. Mit den richtigen Arten sieht das nicht nur schön aus, man fördert mit blühenden Rankpflanzen wie der Alpen-Waldrebe *(Clematis alpina)* auch Wildinsekten. Zudem bietet eine dichte Fassadenbegrünung beispielsweise mit Efeu *(Hedera helix)* vielen Tieren Nahrung, Lebensraum und Schutz. So bauen Vögel dort ihre Nester, die Blüten sind eine wertvolle Bienenweide und die Beeren im Winter beliebtes Amselfutter. Trotzdem sollte man sich bei der Wahl der Kletterer vorher genau über deren Standortansprüche, das Wuchs- und Kletterverhalten sowie die spätere Größe informieren. Es gibt Selbstklimmer, welche sich an der Wand mit Haftwurzeln festhalten, und andere, welche ein Gerüst benötigen, um daran zu ranken.

☞ KLETTERPFLANZEN – RANKHILFE NÖTIG

NAME	BLÜTE	WUCHS	STANDORT
WALDREBE *Clematis vitalba*	creme-weiß	stark	☼ ◐
ALPEN-WALDREBE *Clematis alpina*	lilablau	schwach	☼ ◐
JELÄNGERJELIEBER *Lonicera caprifolium*	hellgelb	mittel	☼
WALD-GEISSBLATT *Lonicera periclymenum*	gelb	stark	◐
WILDER HOPFEN *Humulus lupulus*	grün	stark, sommergrün	☼ ◐
KRIECH-ROSE *Rosa arvensis* 'Splendens'	weiß	mittel	☼ ◐

WALDSTAUDENBEET VOR SICHTSCHUTZ

Alternativ ist vor Wänden und Mauern eine artenreiche Vorbepflanzung möglich. In sonnigen Bereichen können solche Situationen sehr heiß sein, da sich Hitze dort staut. Aber es gibt auch genau das Gegenteil, wenn Sichtschutzelemente einen Schlagschatten werfen. Das ist dann tatsächlich eine vollschattige Gartensituation. Ein mit Waldschattenstauden bepflanztes Beet sollte diesen Arten auf alle Fälle einen nährstoffreichen, gut organischen Boden bieten. Die Wald-Schmiele *(Deschampsia cespitosa)* mit ihren filigranen, hellgrünen Ähren steht locker über der Pflanzung. Man verwendet dieses Gras flächig oder in größeren Gruppen, damit seine wogende Wirkung voll zur Geltung kommt. Der eingewebte weiße Wiesen-Kerbel *(Anthriscus sylvestris)* und das im Vordergrund stehende Echte Salomonssiegel *(Polygonatum odoratum)* bringen dem Ganzen Helligkeit, für farbige Akzente hingegen sorgen die hohen Kerzen des zweijährigen Roten Fingerhuts *(Digitalis purpurea)*. Als niedrige Vorpflanzung eignen sich der mittelgroße, immergrüne Zarte Schildfarn *(Polystichum braunii)* und die Wald-Erdbeere *(Fragaria vesca)*.

BLÜTENWOLKEN AM ZAUN

Zäune lassen sich wunderbar als Rankhilfe umfunktionieren. Seien es einfache aus Maschendraht, welche man mit Kletterpflanzen kaschieren kann, aus Stahl oder Holz. Ausgesprochen gut eignen sich Rambler-Rosen als üppig blühende Zaungucker. Das Besondere an diesen Kletterrosen ist, dass sie viele weiche, lange Triebe schieben. Diese können gut in den Zaun eingeflochten werden. Aus der Blütenfülle entstehen dann im Herbst viele, zierliche Hagebutten – bestes Vogelfutter und eine schöne Dekoration für den Winter. Die meisten Rambler blühen nur einmal, dafür allerdings reichlich wie die altbewährte, aber sehr starkwüchsige Sorte 'Kiftsgate'.

ANLEHNUNGSBEDÜRFTIGE MIT BAUERNGARTEN-FLAIR

Sonnige Rabatten mit Bauerngarten-Flair passen perfekt vor Holzstaketenzäunen. Es reicht oftmals eine Beetbreite von unter einem Meter aus, um dem Zaun seine führende Rolle zu nehmen und damit sich Blumen, vor allem höhere, an ihn anlehnen können. Eine bunte Mischung aus Stauden, Kurzlebigen und Einjährigen ist ein wahrer Schnellbegrüner, denn schon im ersten Jahr erfreut sie mit vielen Blüten. Man beginnt mit der Pflanzung von ein paar locker verteilten Stauden wie der pinkfarbenen Samtnelke *(Lychnis coronaria)* und dem Wilden Majoran *(Origanum vulgare)*. Die restlichen Pflanzen können angesät werden – das funktioniert oftmals sogar besser und entlastet den Geldbeutel. Die gelb blühende, dankbare Färber-Hundskamille *(Anthemis tinctoria)* kann man zwar als fertige Staude setzen, aber sie ist so unkompliziert, dass es auch mit Saatgut klappt. Den zweijährigen Fingerhut *(Digitalis*

Benjeshecke

Rambler-Rose, Rosa mulliganii

purpurea) sollte man nach Möglichkeit nur durch Samen etablieren. Er verträgt Umsetzen nicht besonders gut und wächst dann dementsprechend schlecht. Einen schönen Lückenfüller bildet die Gewöhnliche Kornrade *(Agrostemma githago).* Als Einjährige sollten im Frühling ihre Samen auf dem Beet ausgestreut werden. So ergänzt sie im Sommer mit ihren purpurfarbenen Blüten die Pflanzkombination. Da sie nicht ganz standstark ist, ist ihr Platz in der Nähe des Zaunes.

Anlehungsbedürftige mit Bauerngarten-Flair

EINE HECKE PFLANZT SICH SELBST

Was hier vielleicht im ersten Moment so aussieht, als hätte man nach einer Gehölzschnittaktion nur das angefallene Astmaterial entsorgen wollen, ist in Wirklichkeit der Grundstock einer Hecke. Denn dieses Astgewirr bietet einer Vielzahl an Tieren Unterschlupf und Lebensraum. Sie leben nicht nur dort, sondern horten Nüsse, verschleppen von anderer Stelle Samen und vergessen den ein oder anderen Leckerbissen. Und diese werden irgendwann keimen und im Schutze der Äste wachsen. Vögel finden hier Brutplätze und füttern ihren Nachwuchs. Hat ein Elternteil vorher beispielsweise Holunderfrüchte vertilgt, scheidet er die unverdauten Kerne dort wieder aus. Auch diese werden irgendwann zu einem neunen Strauch heranwachsen. Im Laufe der Jahre wird das Totholz verrotten und eine natürliche Hecke entsteht. Dieses Prinzip haben die Brüder Benjes entwickelt, seitdem trägt diese Hecke ihren Namen: Benjeshecke.

Einkaufsliste

ANLEHNUNGSBEDÜRFTIGE MIT BAUERNGARTEN-FLAIR (5 M²)

- ☐ 3 × Färber-Hundskamille, *Anthemis tinctoria*
- ☐ 3 × Samtnelke, *Lychnis coronaria*
- ☐ 3 × Wilder Majoran, *Origanum vulgare*
- ☐ Saatgut: Gewöhnliche Kornrade, *Agrostemma githago,* und Fingerhut, *Digitalis purpurea*

01

WILDE ECKEN

— *eine Frage der Perspektive*

Fast in jedem Garten gibt es sie, die wilden Ecken. Manchmal entstehen sie, indem während der Bauphase Steine zusammengelesen oder übrig gebliebene Dachziegel irgendwo abseits hingelegt wurden.

Wilde Ecken überzieht oft das Ruprechtskraut *(Geranium robertianum)* mit Grün. Dieser zarte Storchenschnabel ist ein- bis zweijährig und versamt sich etwas, er wird nicht dominant und macht keine Probleme. Also warum nicht mit ihm leben? Er sieht doch attraktiv aus.

Wilde Ecken sind nicht der Rede wert? Ganz im Gegenteil! Solche Bereiche sind außerhalb unserer Aufmerksamkeit und werden im Garten sich selbst überlassen, Wildkräuter finden sich ein und Tiere können hier ungestört leben. So entstehen durch das Zusammenspiel von Wildpflanzen und Materialien im Garten ganz besondere Lebensräume: Ein Lesestein-Totholzhaufen in der Sonne, ergänzt mit Ruderalpflanzen wie der Karde *(Dipsacus fullonum)*, wird zum Paradies für Reptilien. Sie finden hier genügend Insektenfutter und zugleich wärmende Steine als Unterschlupf. Oder im lichten Schatten überwuchert langsam die Große Brennnessel *(Urtica dioica)* einen Holzhaufen. Die Blätter dieses Krautes verursachen bei uns zwar ein Brennen, sind aber bestes Schmetterlingsraupenfutter.

Worum es geht: Wir müssen unsere Perspektive wechseln, uns in manchen Gartenbereichen zurücknehmen und den natürlichen Entwicklungen ihren Lauf lassen. Wieviel und wo sich jeder Gartenbesitzer dies traut, hängt von jedem einzelnen ab. Klar ist: Diese kleinen Nischen sind ökologisch äußerst wertvoll und artenreich.

02

03

04

01 Lesestein-Totholzhaufen als wichtiger Lebensraum für viele Tiere

02 Das zarte Ruprechtskraut wird zu Unrecht als „Unkraut" bezeichnet.

03 Falls ein alter Baum im Garten zusammenbricht und vielleicht gerade keine Zeit ist, um ihn zu entsorgen, kann er einfach als wilde Ecke zwischengelagert werden.

04 Mehr als 20 Falterarten sind von der Brennnessel abhängig wie Distelfalter, Admiral oder Tagpfauenauge. Totholzstrukturen, in denen viele Käferlarven wohnen, sind zusammen mit Wildpflanzen ein wahres Mekka für Schmetterlinge und Käfer.

WILDER NUTZGARTEN

Die meisten heimischen Pflanzen sind essbar. Aus heutiger Sicht ist es eher eine Frage des Geschmacks, welche Arten auch in der Küche verwendet werden. Viele haben zusätzlich noch eine heilende Wirkung, nur ist das Wissen darüber oftmals verloren gegangen.

WILDOBST-GÄRTEN

Obstgehölze wie alte Apfelsorten sollten in keinem Garten fehlen. Aber es gibt auch noch ihre wilden Verwandten, welche ab dem Sommer attraktive Früchte tragen und mit interessanten Geschmackserlebnissen aufwarten. Sie sind zudem alle unentbehrliche Frühlingsnahrung für Wildbienen und andere Insekten.

HOLUNDER

Ein regelrechter Allrounder unter den Wildobst-Gehölzen ist der Schwarze Holunder *(Sambucus nigra)*. Er hat so viele Vorteile: Seine cremefarbenen Blüten sind im Frühjahr eine der besten Insektenweiden und können zu Holundersirup verarbeitet werden. Später im Sommer sind seine Beeren ein begehrtes Vogelfutter, weshalb man sich mit der Ernte beeilen muss. Für die fast

☞ WEITERE INTERESSANTE WILDOBST-ARTEN

NAME	FRUCHT	WUCHS	BEMERKUNGEN
GEWÖHNLICHER SAUERDORN *Berberis vulgaris*	rote Beeren, säuerlich	strauchig, bis zu 2,50 m	bedornt, schöne Herbstfärbung
APFEL-ROSE *Rosa villosa*	rote Hagebutten	strauchig, bis zu 2 m	hoher Vitamin-C-Gehalt, rosa Blüten
GEWÖHNLICHE SCHLEHE *Prunus spinosa*	dunkel, blaubereift	strauchig, bis zu 2,50 m	üppig weiß blühend, bildet Ausläufer
SANDDORN *Hippophaë rhamnoides*	orange, säuerlich	strauchig, bis zu 3 m	hoher Vitamin-C-Gehalt, bildet Ausläufer
ESSBARE EBERESCHE *Sorbus aucuparia var. edulis*	dunkelorange, mehlig-säuerlich	kleiner Baum, bis zu 10 m	hoher Vitamin-C-Gehalt, schöne Herbstfärbung
VOGEL-KIRSCHE *Prunus avium*	dunkelrote, kleine Kirschen, süß	mittelgroßer Baum, bis zu 12 m	schöne Herbstfärbung

Beliebt bei Vögeln: die Felsenbirne

Vitamin-C-reiche Kornelkirschen

Schwarzer Holunder, unterpflanzt mit Stauden

Mispelfrüchte im Herbst

schwarzen Früchte gibt es eine Menge Hausrezepte mit Zusatzeffekt: Der Saft ist eine wahre Vitaminbombe und wärmt von innen heraus. Bis ein Holunderstrauch eine gewisse Größe erreicht hat, braucht es Geduld. Denn nach der Pflanzung, in der Anfangsphase, tut er sich oftmals schwer. Einmal angewachsen, ist er unkompliziert. Allerdings braucht er einen nährstoffreichen Boden. Deshalb sieht man ihn manchmal noch an Bauernhäusern, nicht selten ganz nah an der Hauswand. Im Alter kann er fast baumartig einen kurzen Stamm bekommen, was die Möglichkeit der Unterpflanzung bringt. Um den Bauerngarten-Charakter aufzugreifen, passen Pflanzen wie Einjähriges Silberblatt *(Lunaria annua)*, Fingerhut *(Digitalis purpurea)*, Kleinblütige Königskerze *(Verbascum thapsus)* oder Mutterkraut *(Tanacetum parthenium)* dazu.

MISPEL

Ein ausgesprochen malerisch wachsender Kleinbaum ist die Mispel *(Mespilus germanica)*. Ab Mai erstrahlen große weiße Blüten in hübschem Kontrast zu ihrem dunkel-ledrigen Laub. Sie wächst auf normalem Gartenboden, verträgt aber als Tiefwurzler auch Trockenheit. Ab Herbst erscheinen dann ihre goldbraunen Früchte. Diese sind erst nach dem ersten Frost oder längerer Lagerung genießbar und werden ähnlich wie Quitten verarbeitet. Die Mispel besitzt heilende Kräfte: Sie wirkt fiebersenkend und blutreinigend.

KORNELKIRSCHE

Nicht vergessen darf man die Kornelkirsche *(Cornus mas)*. Sie zählt sicherlich zu den attraktivsten heimischen frühjahrsblühenden Sträuchern. Ihre gelben Blüten erscheinen schon recht früh im Jahr und sind eine der besten Bienenweiden. Insofern brauchen wir uns nicht zu wundern, wenn ab dem Sommer die Kornelkirsche über und über voller Früchte hängt. Irreführend ist ihr deutscher Name, denn sie gehört nicht zu den Kirschen, sondern zu den Hartriegelgewächsen. In Bezug auf den Boden ist sie recht anpassungsfähig, Kalk schadet nicht. Wichtig ist nur, ihr einen sonnigen Standort zuzuweisen. Denn je

weniger Licht sie bekommt, desto blühfauler wird sie. Sie wächst recht langsam, verzweigt sich allerdings gut. Zudem ist sie auch schnittverträglich, was sie zu einer durchaus interessanten Heckenpflanze macht. Und die roten Früchte? Nicht nur bei Vögeln begehrt, sind sie auch für uns essbares Wildobst: je überreifer, desto süßer, von Marmelade bis zum Obstbrand.

VON WILDKRÄUTERN UND HEILPFLANZEN

Unter den Wildpflanzen gibt es schier unzählig viele Heilpflanzen. Viele klassische Kräuter, die zum Würzen von Speisen verwendet werden, schmecken nicht nur intensiv, sondern sind zugleich Medizin. Um den optimalen Geschmack und heilkräftige Inhaltstoffe zu entwickeln, sollten sie an den passenden Standort gepflanzt werden. Sehr viele Wildkräuter wachsen am besten in der Sonne.

DOST

Zu den Sonnenanbetern zählt der Wilde Majoran, der Dost *(Origanum vulgare)*. Der Boden sollte durchlässig, gern sogar trocken sein. Wie fast alle Lippenblütler ist der Dost ein absoluter Insektenmagnet. Allein schon deshalb sollte er in keinem Garten fehlen.

STEINKLEE

Der gelb blühende Echte Steinklee *(Melilotus officinalis)* ist ein schöner Lückenfüller. Er ist einjährig, erhält sich allerdings durch Selbstaussaat. Seine duftenden Blüten können getrocknet zwischen die Wäsche gelegt werden.

WILDE MÖHRE

Ein hübscher Doldenblütler ist die zweijährige Wilde Möhre *(Daucus carota)*. Sie ist die Urform unserer Gartenmöhre – früher wurden ihre Wurzeln gegessen. Mit Zucker zu Sirup verarbeitet haben sie als Hustensaft eine schleimlösende Wirkung. Ihre Blätter sind Futter für die Schmetterlingsraupen des Schwalbenschwanzes. Diese Wildmöhre verträgt sowohl normalen Gartenboden als auch magere Substrate. Deshalb ist sie bestens für eine Kombination mit wärmeliebenden Kräutern geeignet.

PASTINAKE

Die Gewöhnliche Pastinake *(Pastinaca sativa)*, deren grünlich-gelbe Dolden schwebend zierlich über ihrem Laub stehen, ergänzt die Pflanzung. Ihre Blüten werden gern von Wildbienen und Fliegen besucht. Sie lebt nur ein Jahr, in dem sie ihre kräftigen Pfahlwurzeln ausbildet. Sie sind sehr schmackhaft und werden ähnlich wie Möhren zubereitet.

BEINWELL

In eher nährstoffreichen Böden, nicht ganz zu trocken, aber trotzdem recht sonnig, fühlt sich der Gewöhnliche Beinwell *(Symphytum officinale)* am wohlsten. Sein Name lässt erahnen, wo seine Heilkraft liegt. Im Frühling können seine noch zarten Blätter ähnlich wie Borretsch sparsam im Salat verwendet werden, auch seine Blüten sind als Speisedekoration hübsch und können gegessen werden. Beinwell ist eine robuste, kräftig wachsende Staude, deren violett-blauen Blüten ein absoluter Hummelschmaus sind. Da er sehr durchsetzungsstark ist, kann Beinwell gut mit Bodendeckern wie Echter Goldnessel *(Lamium galeobdolon)* ergänzt werden – ein leuchtender Farbkontrast von Blau und Gelb.

GROSSER WIESENKNOPF

Der Große Wiesenknopf *(Sanguisorba officinalis)* ist ebenfalls eine wunderschöne Staude für humose Böden mit etwas Feuchte. Seine weinroten Blütenbälle schweben standstark über Pflanzungen. Sein attraktives Laub ist zudem Futter für viele Schmetterlingsraupen, auch die Blattschneiderbiene liebt es. Die jungen Blätter passen ähnlich wie die des Kleinen Wiesenknopfes *(Sanguisorba minor)* als frisches Gewürz in Salate.

01 Dieses Wildkräuterbeet beinhaltet viele Heilpflanzen, vom Steinklee über die Wilde Möhre und die aparte Pastinake bis hin zum Dost. Alle vereint durch den Standort: sonnig und warm.

02 Der langlebige Beinwell erfreut zunächst mit seinen schönen, großen Blättern. Im Sommer erstrahlen seine nickenden Blüten in Lilablau, welche besonders bei Hummeln beliebt sind.

03 Schmetterlinge und Bienen lieben die Dost-Blüten.

04 Die dunkelpurpurfarbenen Blüten des Großen Wiesenknopfes schweben hübsch wie längliche Bälle über einer Pflanzung.

01

02

03

04

PRAXIS & PFLEGE

— über's Jahr

AUSSCHAU HALTEN NACH WILDPFLANZEN

Von der Natur inspiriert und mit einer Liste passender Pflanzen in der Hand, heißt es nun, den Garten zu gestalten. Nach dem Pflanzen- oder Saatgutkauf und der Beetvorbereitung kann man loslegen.

WILDPFLANZEN KAUFEN

So simpel es klingt, heimische Pflanzen zu kaufen, so schwierig erweist sich dies oftmals in der Realität. Viele dieser Gewächse stehen eigentlich fast vor der Haustür. Doch da es Blütenpflanzen draußen in der freien Landschaft schwer haben und viele berechtigterweise unter Naturschutz stehen, kommt die Option, sie von dort zu holen nicht infrage. Zudem möchte man Pflanzware, welche zu einer gewissen Größe vorgezogen ist und gut anwächst. Und für eine Beetanlage benötigt man zur Kombination einen artenreichen Fundus. Also auf zum Pflanzenhändler! Doch meist sind Gärtnereien voller ausgefallener Exoten, und Wildstauden eher ein Randprodukt. Aber es tut sich etwas auf dem Pflanzenmarkt: Die eine oder andere Gärtnerei reagiert auf Kundenwünsche und auf die Notwendigkeit, heimische Pflanzen in ihr Sortiment aufzunehmen. Manche haben sich sogar darauf spezialisiert und haben einen Online-Shop (siehe S. 122). Wildgehölze, solange es sich nicht um Raritäten handelt, sind im Gegensatz zu Stauden etwas einfacher zu erhalten, da Baumschulen diese als Forstware anbieten müssen.

Bei Wildstauden sollte man immer versuchen, die Ursprungsart zu bekommen. Denn diese ist robust. Möchte man doch mal eine Sorte, dann bitte mit ungefüllten Blüten. Nur so haben Insekten einen Nutzen davon! Wir übrigens auch: Denn etliche Sorten bilden Samen und verbreiten sich im Garten. Bezüglich der Qualität hat sich Bio-Ware als sinnvoll herausgestellt, da in Bio-Gärtnereien sehr umsichtig mit Düngung bzw. Wasserzufuhr umgegangen wird. So werden die Pflanzen nicht zu sehr verwöhnt, sind abgehärtet, und Boden sowie Ressourcen werden geschont.

PASSENDES SAATGUT

Inzwischen gibt es viele Saatgut-Mischungen auf dem Markt. Doch man sollte genau auf deren Zusammensetzung achten. Viele sind bunt und ansehnlich, tragen aber wenig zur Förderung der Artenvielfalt bei. Deshalb sind Samen heimischer Wildpflanzen die erste Wahl. Im städtischen Bereich dürfen schon mal nicht wirklich Heimische wie das südeuropäische einjährige Nelken-Leimkraut *(Silene armeria)* oder eine Stockrose *(Alcea rosea)* ausgesät werden. Diese „alten" Gartenpflanzen bringen wir am besten über eine Ansaat in unsere Gärten. Befindet sich ein Grundstück außerhalb von Siedlungen in der freien Natur, so ist es gesetzlich vorgeschrieben, mit gebietsheimischem Saatgut zu arbeiten. Dies erhält man von speziellen Saatgutproduzenten (siehe S. 122).

GEBIETSHEIMISCHES WILD-SAATGUT

Überall in Deutschland finden sich in der Natur Wiesenkräuter, wilde Stauden und Gräser. Diese Pflanzen haben sich über Jahrhunderte an ihre Standorte in den unterschiedlichen Regionen angepasst: durch Größe, Wuchsverhalten oder Aussehen. Heute reicht es nicht mehr aus, wenn man in der freien Landschaft Wildblumen etablieren möchte, eine standardisierte Wildblumen-Mischung auszusäen. Man muss genau hinsehen, welche Arten aus welchem Ursprungsgebiet in

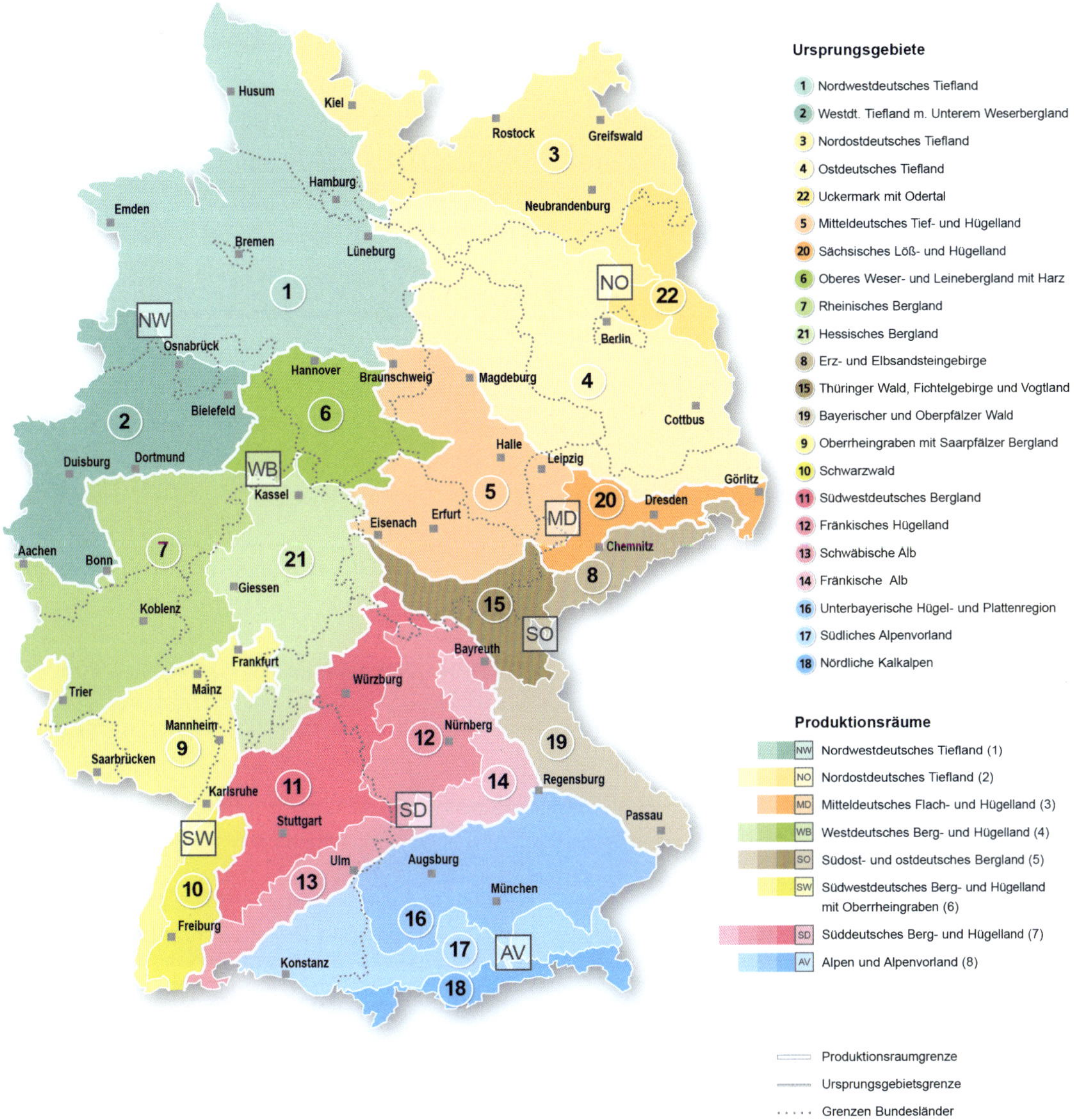

Verteilung gebietsheimischer Pflanzen (Verband deutscher Wildsamen- und Wildpflanzenproduzenten e.V.)

einer Mischung sind. Dafür wurde Deutschland in 22 Regionen, Naturräume, unterteilt und dort die Samen der jeweiligen Pflanzen gewonnen. Je nachdem, wo sich eine neu anzulegende Fläche befindet, wird das Saatgut dementsprechend ausgewählt. Zur Veranschaulichung: Betrachten wir eine Wiesen-Schafgarbe *(Achillea millefolium)*. Mit dem botanischen Namen sollte eigentlich alles klar sein, doch dem ist nicht so. Denn im Laufe der Evolution hat sich eine Schafgarbe beispielsweise in Norddeutschland ihrer Umgebung, dem Wetter oder dem Boden perfekt angepasst und damit andere Eigenschaften herausgebildet, als Pflanzen der gleichen Art in Süddeutschland. Das ist mit dem Auge kaum wahrnehmbar, doch für die Pflanze ist es entscheidend. Würden wir also Samen dieser in Norddeutschland gewachsenen Pflanzen im Süden ausbringen, würden wir damit gegebenenfalls unpassende Eigenschaften dorthin exportieren. Trotzdem können sich beide Achilleen miteinander kreuzen, und somit zur Florenverfälschung beitragen. Deshalb ist es wichtig, Saatgut aus dem Gebiet zu verwenden. Man nennt dies auch „autochthones Saatgut".

DER BODEN ALS BASIS

Der Boden bildet – neben Licht und Wasser – eine der drei Säulen, welche für das Pflanzenwachstum entscheidend sind.

BODEN – EINE FRAGE DER BEPFLANZUNG

Je nachdem, was man als Bepflanzungsziel anvisiert, kann man mit dem bestehenden Oberboden arbeiten oder einen Bodenaustausch vornehmen. Möchte man klassische Hochstauden verwenden, dann benötigt man nährstoffreiche Erde, was meist dem anstehenden Gartenboden entspricht. Entscheidet man sich für ein Pflanzkonzept mit „Hungerkünstlern" für sonnige Bereiche, dann muss das Substrat mager sein.
Es gibt zwei mögliche Herangehensweisen: Entweder man betrachtet den vorgegebenen Standort und wählt dementsprechend die Wildpflanzen aus. Oder man passt den Boden an die geplanten Gewächse an:

— Nährstoffreiches Substrat: Hochstauden, Gehölze wie Rosen, Schattenpflanzen
— Nährstoffarmes, mageres Substrat: Blumenwiesen, Steingartenpflanzen, Duft-Kräuter, Halbsträucher, Sonnenanbeter

BODENVERÄNDERUNG ALS STARTHILFE

In geringem Maß ist es möglich, den existierenden Boden zu verändern. Doch die Erfahrung lehrt, dass sich tendenziell über die Jahre wieder die Ausgangslage einstellen wird. Also ist es sinnvoller, bei der Wahl des Pflanzkonzeptes von dieser Ausgangslage auszugehen. Trotzdem kann es vor allem als Start für die geplante Wildstauden-Pflanzung von Vorteil sein, zumindest die Bodenstruktur zu verändern. Sind die Bedingungen beispielsweise lehmig, als Zielbepflanzung aber Wiesen-Stauden für sonnigen Standort gewünscht, dann sollte man den Boden abmagern – durch Ausbringen von ca. 10 cm Sand. Dieser wird entweder mit einer Motorhacke ca. 20 cm untergefräst oder mit einer Grabegabel gut eingearbeitet.

OBER- ODER UNTERBODEN? EINE FRAGE DES AUFWANDES

Die oberste Erdschicht, ca. 30 cm, bildet der Oberboden, auch Mutterboden genannt. Er ist

☞ BODENVERBESSERUNG

AUSGANGSLAGE	ZIEL	BEIMISCHUNG
lehmiger, toniger Gartenboden	locker, mager	Sand, kiesiger Sand
lehmiger, toniger Gartenboden	locker, nährstoffreich	Sand-Kompost-Gemisch
durchlässiger Sandboden	bessere Nährstoffversorgung	Kompost
normaler Gartenboden	für Wald-Stauden	Mullauflage, Laubkompost

Unterboden ist frei von Pflanzenkonkurrenz.

Wichtige Nährstoffe liefert Kompost.

recht nährstoffreich und voller Leben. Die Zusammensetzung besteht aus mineralischen Bestandteilen wie Tonen, organischem Humus und Bodenlebewesen wie Würmern, Pilzen oder Bakterien. Im Mutterboden sind aber auch Samen oder Wurzeln von unerwünschten Kräutern versteckt, die uns eventuell später im Staudenbeet beschäftigen werden. Trotzdem ist die Verwendung des vorhandenen Bodens die erste Wahl. Denn sie ist ressourcenschonend und man erspart sich den sowohl kosten- als auch arbeitsaufwendigen Austausch. Hat der Oberboden einen hohen Humus- und Tonanteil, ist zudem seine Wasserspeicherkapazität recht gut.

Ganz anders sieht es mit dem Unterboden aus. Dieser hat kaum organische Anteile, ist also mager, und enthält kaum noch Samen- und Wurzelpotenzial. Dies ist einer seiner großen Vorzüge, denn dadurch reduziert sich der Pflegaufwand nach der Bepflanzung vor allem in den ersten Jahren enorm. Fällt die Entscheidung für ein Unterboden-Konzept, muss der vorhandene Boden um die 30 cm ausgekoffert und mit magerem Substrat verfüllt werden. Hier hat es sich als nützlich erwiesen, mit einem Krail etwas Kompost einzuarbeiten. Wenn es die Räumlichkeit zulässt, sollte die nährstoffreiche, ausgegrabene Erde an anderer Stelle im Garten vielleicht durch eine Bodenmodellierung wieder eingebaut werden.

- **Vorteil Oberboden:** kein Bodenaustausch erforderlich, gute Nährstoffversorgung
- **Vorteil Unterboden:** kein Samen- und Wurzelpotenzial von unerwünschten Wildkräutern, Magersubstrat

DER PH-WERT

Am Naturstandort spielt der pH-Wert eines Bodens eine entscheidende Rolle für Artenzusammensetzung und Konkurrenz. Im Garten jedoch hat es sich in der Praxis herausgestellt, dass dieser eher untergeordnet ist. Denn die meisten Wildpflanzen lieben von Natur aus einen leicht sauren

KOMPOST IST HILFREICH

Ein Naturgarten ohne Kompost ist kaum möglich. Wo er allerdings als Bodenverbesserer verwendet werden sollte, hängt von der Zielbepflanzung ab. Vor allem in Gemüse- und üppigen Staudenbeeten kommt er zum Einsatz. Zu beachten ist, dass der eigene Gartenkompost neben wichtigen Nährstoffen auch oftmals Samen oder Wurzeln von Beikräutern enthält, welche beim Ausbringen über die Beete verteilt werden. Bei gekauftem, wärmebehandeltem Bio-Kompost besteht diese Gefahr nicht.

Erst wenn der Boden gut bearbeitet und Konkurrierendes gejätet wurde, sollte gepflanzt werden.

bis leicht alkalischen Wert, bringen somit eine recht weite Standorttoleranz mit und haben ein gutes Anpassungsvermögen. Zudem greifen wir als Gärtner auch pflegerisch ein. Lediglich bei sehr speziellen Pflanzen wie Moorpflanzen, welche es sauer mögen, muss dieser Aspekt im Auge behalten werden.

BODENBEARBEITUNG & PFLANZUNG

Zeit lassen zahlt sich aus: Egal ob man ein neues Stauden-Kräuterbeet anlegt oder eine Ansaat vornimmt: Ohne eine gute Vorbereitung des Bodens geht gar nichts, auch nicht bei heimischen Wildpflanzen. Generell muss der Bereich frei von Vegetation sein, welche sorgfältig mit einer Schaufel oder Grabegabel entfernt wird. Falls dort schon Stauden oder Zwiebelpflanzen wachsen, welche ins neue Konzept passen, gräbt man sie vorab aus und schlägt sie zunächst seitlich ein. Das hat den Vorteil, dass man die Bereiche viel entspannter bearbeiten und die „Alt-Pflanzen" später flexibler integrieren kann. Bestehende und zugleich passende Gehölze bleiben am Standort erhalten. Die Bodenbearbeitung an sich erfolgt dann je nach Größe und Bodenbeschaffenheit entweder durch einfaches Umgraben mit dem Spaten, mit der Grabegabel oder der Motorhacke. Falls im Boden problematische Wurzelunkräuter wie Ackerwinde wachsen sollten, darf auf keinen Fall gefräst werden. Da hilft nur Geduld: Stück für Stück den Bereich, wo, man die weißen, recht gut erkennbaren Wurzeln entdeckt hat, ca. 30 cm tief mit der Grabegabel durcharbeiten. Es schadet nicht, wenn zwischen dieser Bodenbearbeitung und dem Zeitpunkt der Pflanzung nochmals ein paar Wochen vergehen. Denn oft übersieht man beim ersten Durchgang das eine oder andere unliebsame Pflänzchen, was nun sprießt und gezielt in einem zweiten Arbeitsschritt entfernt wird. Wurde bestehende Vegetation vorher ausgegraben, bleibt diese solange im Einschlag. Als Letztes ist die Beetoberfläche in Form zu bringen. Bei einer Staudenpflanzung ist ein Krail genau richtig. Im

Gegensatz zu einem Saatbett, wo Steine oberflächlich raus müssen, dürfen diese zwischen den Kräutern liegen bleiben. Für eine Ansaat ist ein Rechen zu benutzen, mit dem man eine relativ ebene Oberfläche schafft.

ANGEPASSTE PFLANZZEITEN

Dass das Wetter Kapriolen schlägt, das Klima durcheinandergeraten ist, das lässt sich nicht mehr leugnen. Das hat auch Auswirkungen auf die Pflanzzeit. War bis vor wenigen Jahren der Wonnemonat Mai perfekt für eine Staudenpflanzung, so ist das Frühjahr inzwischen meist sehr trocken. Dafür kann es auch mal im Frühsommer zu starken Niederschlägen kommen. Es wird also immer schwieriger, sich für einen idealen Pflanztermin zu entscheiden. Gut fährt man mit dem Spätsommer bis Herbst für eine Staudenpflanzung oder Ansaat. Gehölze sollte man am besten nur noch im Herbst setzen. Somit wird die zweite Jahreshälfte zur wichtigsten Pflanzzeit.

PFLANZUNG VON STAUDEN UND GEHÖLZEN

Ist der jeweilige Beetbereich gut vorbereitet und die getopfte Pflanzware da, kann es losgehen. Man könnte Stauden zwar auch als Samen im Beet ausbringen, doch bis die Pflänzchen eine gute Größe erreichen und somit dem Konkurrenzdruck nicht mehr zum Opfer fallen, benötigt dies viel Zeit und Erfahrung.
Generell werden alle Pflanzen erst einmal auf dem Beet ausgelegt. Ist man zufrieden, wird gepflanzt. So können problemlos noch Korrekturen erfolgen. Als grober Richtwert bei einer größeren Pflanzung haben sich 5 Stück pro Quadratmeter im Durchschnitt bewährt. Stauden mit stattlicher Gestalt benötigen mehr Platz, kleinwüchsigere Exemplare sollten etwas enger gepflanzt werden. Also beim Auslegen auf die Endgröße achten! Am besten vor dem Setzen die Pflanzen komplett in einen Eimer Wasser tauchen, dann werden die Pflanzballen schön feucht. Somit erspart man sich das Angießen. Sinnvoll ist auch, für die Pflanzung das Wetter zu beobachten: möglichst vor Regentagen pflanzen.
Gehölze sollten am besten schon vorher an Ort und Stelle gesetzt werden.

DÜNGUNG: BEI WILDSTAUDEN BESSER NICHT!

Wir arbeiten mit heimischen Wildstauden, welche in der Natur ohne unsere Pflege auskommen müssen. Das bezieht sich auch auf die Nahrungszufuhr. Wenn die Pflanzen standortgerecht und auf die Bodenverhältnisse angepasst ausgewählt wurden, benötigen sie keine Düngung. Zudem lieben viele Heimische es an sich schon eher mager. Würden wir diesen mehr Nährstoffe zufügen als sie benötigen, wäre dies eher kontraproduktiv: Sie wüchsen schneller, wären somit weniger standstark und würden auch anfällig gegenüber Krankheiten wie Mehltau.

Vor der Pflanzung alle Stauden auslegen.

ALLES IST IM FLUSS

Ein typischer Aspekt heimischer Pflanzungen ist deren starke Dynamik, die verschiedene Stadien durchläuft und in einem stabilen Zustand, dem sogenannten Klimax, endet.

Im Garten erleben wir dies zum Beispiel bei einer Wiesenansaat. Bis diese sich „eingependelt" hat und nahezu gleichbleibend in ihrer Zusammensetzung ist, dauert es ein paar Jahre.

DYNAMIK MIT BEDACHT

Durch die Verwendung heimischer Pflanzen möchten wir auch die Insektenwelt fördern. Dies bedeutet, dass Hummel und Co. die Blüten bestäuben, diese dann Samen entwickeln, welche sich wiederum im Garten verstreuen. Finden sie einen geeigneten Platz zum Keimen, hat sich das jeweilige Gewächs erfolgreich vermehrt. Und so gibt es Gartenpflanzen wie die Akelei *(Aquilegia vulgaris)*, welche sich die ihnen zusagenden Standorte selbst suchen und durch die Beete vagabundieren. Diese Dynamik erfolgt von ganz alleine, doch kann man auch nachhelfen, indem die Samenstände an geeigneten Stellen im Garten ausgeschüttelt werden. So entstehen wunderschöne, verwilderte Gartenbereiche. Wird einem die Selbstaussaat zu viel, greift man steuernd ein: entweder verwelkte Blüten vor der Samenreife abschneiden oder später die Keimlinge entfernen. Ein Ausbreitungsdrang durch Ausläufer – es sei denn, er ist gewollt wie bei Bodendeckern – ist eher problematisch und schwerer in den Griff zu bekommen. Und manchmal fast nicht mehr möglich, wie es bei der Zweizeiligen Segge *(Carex disticha)*, einem attraktiven, aber extrem ausläuferbildenden Gras, passieren kann. Hier muss gegebenenfalls über Jahre nachgearbeitet werden, bis das Problem gelöst ist. Deshalb ist es immer wichtig, sich genau über das Wuchsverhalten von „Wilden" zu informieren, bevor man sie sich in den Garten holt.

☞ ANSAATEN FÜR VERSCHIEDENE STANDORTE

AUSGANGSLAGE	ART DER ANSAAT	SAATTERMIN
Gartenboden, sonnig	Fettwiese	Spätsommer bis Herbst
Gartenboden, halbschattig	halbschattige Säume	Herbst oder Frühjahr
magerer Boden, sonnig	Blumenwiese	Spätsommer bis Herbst
magerer Boden, sonnig	sonnige Säume	Herbst oder Frühjahr
Gartenboden, magerer Boden	einjährige Pflanzen	Herbst oder Frühjahr

Ausläufer sind rechtzeitig zu entfernen.

ANSAATEN – GEDULD ZAHLT SICH AUS

Naturnahe Blühflächen durch Ansaaten anzulegen, ist nicht nur relativ kostengünstig, sie funktionieren auch bestens – wenn man Folgendes beachtet: 1. Passendes Saatgut, 2. Sorgfältige Bodenvorbereitung.
Die Bodenart hier entscheidend für die Auswahl des Saatgutes. Grundsätzlich: je magerer, desto besser. Ist das Saatbett fertig und die Oberfläche planiert, kann man mit der Aussaat beginnen. Die im Vorfeld ermittelte Saatgutmenge ist nun breitwürfig mit der Hand auszustreuen. Je nach Saatgutmischung und Gestaltungsziel sind zwischen 0,5 g und 4 g pro Quadratmeter nötig. In der Praxis heißt das, die Samen mit einem Füllstoff wie Maisgranulat oder Sand zu strecken. Als Saattermin hat sich bei einer artenreichen Wiesenansaat der Spätsommer bewährt, bei Einjährigen und Säumen eher das zeitige Frühjahr. Nach dem Ausbringen benötigen die Samen einen Bodenschluss. Bei größeren Flächen erfolgt dies durch Anwalzen, bei kleineren kann man sich mit einem Brett behelfen. Ab jetzt heißt es geduldig abwarten. Die Einjährigen werden schnell keimen und blühen, eine Wiese hingegen beginnt erst ab dem zweiten Jahr attraktiv auszusehen.

Spannende Passion: Wildkräutersamen sammeln

SAMEN SELBST SAMMELN – EIN VIELVERSPRECHENDES EXPERIMENT

Eine der spannendsten und zugleich kostengünstigsten Möglichkeiten an Saatgut heimischer Pflanzen zu kommen, ist es, dieses beim Spazierengehen selbst zu sammeln. Also raus in die Natur, kleine Papiertütchen und Stift mitnehmen und ernten. Obendrein macht das auch noch Spaß. Spätsommer und Herbst sind für die „Samenjagd“ die beste Zeit. Das Wetter sollte trocken und sonnig sein, damit sich später kein Schimmel bildet. **Aber ist das überhaupt erlaubt?** Ja, doch nur dort, wo aus naturschutzrechtlichen Gründen nichts Gegenteiliges vorliegt, auf keinen Fall also in Naturschutzgebieten sammeln. Aber auch sonst nur für den Eigenbedarf sammeln und immer der Pflanze noch genügend Samenstände für ihre Vermehrung stehen lassen. Wichtig ist nun auch, die Samentütchen zu beschriften: Pflanzenart bestimmen und zusammen mit Standort und Datum notieren. Zu Hause die Wildblumensamen trocknen. So gern man nun starten möchte, heißt es sich genau über die zukünftige „wilde“ Gartenpflanze, ihre bevorzugten Standortansprüche und vor allem ihr Wuchsverhalten zu informieren.
Hat man schon eigene Wildpflanzen im Garten, kann man deren Samen natürlich im Herbst genauso sammeln. Je nach Art an Ort und Stelle das Saatgut ausbringen oder in Töpfen vorziehen.

Hübsches „Unkraut "einfach stehen lassen!

WENIGER IST MEHR – ENTWICKLUNGS- & ERHALTUNGSPFLEGE

Sich um heimische Stauden zu kümmern, weicht wenig von einer klassischen Pflanzung ab. Was entfällt, sind Düngung oder starkes Wässern, denn bei einer standortgerechten Verwendung sind Wildpflanzen gesund und genügsam.

JÄTEN

Zunächst geht es um eine Unterstützung der Entwicklung im ersten Jahr nach der Pflanzung und dann um eine dauerhafte Sicherstellung, die Erhaltungspflege. Im Pflanzjahr zeigt sich das angelegte Staudenbeet oftmals noch sehr lückig. Dieser offene Boden ist die beste „Angriffsfläche" für unerwünschte Pflanzen. Auch im Boden versteckte Samen oder Wurzeln von Unerwünschtem können hier wachsen, da sie Licht bekommen. Insofern sollte man anfangs die Konkurrenz ausschalten und jäten, damit die Pflanzung optimal gerät. Man kann auch den Boden für ein paar Wochen brachliegen lassen und schauen, was kommt. Und bitte nicht hacken, sondern gezielt den Bewuchs manuell beseitigen. Denn es könnten möglicherweise passende Keimlinge dabei sein, welche später eine gute Ergänzung des Gepflanzten darstellen. Ab dem zweiten Jahr reduziert sich der Aufwand erheblich. Jetzt hat sich weitestgehend der Bestand geschlossen und einjährige Unkräuter haben es schwer. Es empfiehlt sich allerdings, immer im späten Frühling, wenn die Blätter der Stauden noch nicht zu groß sind, die Pflanzung einmal durchzupflegen.

Ackerwinde: Je früher man sie erkennt und entfernt, umso besser.

Junge Ackerdisteln lassen sich noch relativ leicht jäten.

WURZELUNKRÄUTER ENTFERNEN

Zum dauerhaften Problem können Wurzelunkräuter wie Quecke oder Acker-Schachtelhalm werden. Diesen muss man von Anfang an den Garaus machen und dranbleiben. Dazu mit einer Hand-Grabegabel den Wurzeln nachgehen. Meist erkennt man diese Wurzeln gut. Das ist zwar mühsam, aber erforderlich. Mit etwas Glück erwischt man bei einem lockeren Boden die langen Ungetüme im Ganzen, bei Lehm ist es schwerer. Man sollte sich diese Stellen über Jahre merken. Denn oft hat man nicht jedes Wurzelteil entdeckt und muss nacharbeiten. Also nicht locker lassen, so bekommt man das Problem in den Griff, und die Pflanzung wird pflegeleicht.

KEIMLINGE ERKENNEN

Um bei frisch Gekeimten zu wissen, um welche Pflanze es sich handelt, braucht es schon ein wenig Erfahrung. Aber es gibt einen Trick. Erst einmal wachsen lassen. Ab einer gewissen Größe sind sie einfacher zu bestimmen. In der Praxis hat das noch einen weiteren Vorteil: Sind es Unkräuter, lassen sie sich besser herausziehen. Wichtig ist dabei aber auch, dass sie nicht zu groß werden. Allerspätestens zum Ende der Blühphase, bevor sie sich erneut versamen und damit noch mehr verbreiten, sind sie zu entfernen. Das eine oder andere „Unkraut" sieht sogar ganz hübsch aus, und dass sie Wildinsekten fördern, ist gewiss. Ich lasse sie deshalb noch zum Blühen kommen, behalte sie aber immer im Auge und entferne sie vor der Samenbildung. Auch im nächsten Jahr steht der Bereich dann unter genauer Beobachtung. Manch Ungewolltes bildet schnell tiefe Wurzeln, dies trifft vor allem bei Gehölzen wie dem Ahorn zu. Bei diesen darf man nicht zu lange warten mit dem Entfernen. Entwickeln sich allerdings aus den Keimlingen neue, junge Wildstauden, kann man sie entweder in die Pflanzung integrieren oder umpflanzen.

REDUZIERUNG DER PFLEGE IM ERSTEN JAHR DURCH …

- … mineralische Mulchung, z. B. mit feinem Rundkies 4/8er-Körnung
- … gezielte Ansaat einjähriger Pflanzen, z. B. Nelken-Leimkraut

GIESSEN – NUR ZUR RECHTEN ZEIT

Das Klima ändert sich, es gibt immer mehr trockene Perioden. Doch die Antwort darauf heißt nicht, mehr zu gießen, sondern die richtigen, standortgerechten Pflanzen zu setzen. Viele Wildstauden sind ausgesprochen trockenresistent, denn sie müssen in der Natur ohne pflegende Gärtner zurechtkommen. Wann ist also zu wässern? Da der Termin der Pflanzung an sich ja schon „klimaangepasst" sein sollte, reduziert dieser Aspekt schon einmal das Gießen. Generell sollte nur nach der Pflanzung gewässert werden, je nach Wettersituation alle paar Tage, aber nicht länger als vier Wochen. Dann müssen es die heimischen Wildstauden selber schaffen. Morgens zu wässern ist übrigens viel wirksamer als abends, da der Boden über Nacht eine gewisse Grundfeuchte bekommen hat und damit eine sickerfähige Oberfläche vorhanden ist.

RÜCKSCHNITT VON WILDSTAUDEN

Die meisten krautigen Pflanzen (Ausnahmen sind Immergrüne oder Zweijährige), sterben oberflächlich ab, ihre Stängel vertrocknen, nur in der Wurzel überleben sie und treiben im nächsten Jahr wieder aus. Wie geht man mit den dürren Ästchen oder Blättern um? In der Natur bleiben sie so lange erhalten, bis sie sich zersetzt haben. Aus ästhetischen Gründen kann man diese natürlich abschneiden. Aber bitte erst im Frühling. Denn hohle Stängeln oder Blätter sind oft wichtige Überwinterungsorte von Larven, Insekten und deren Eiern. Wiesen-Stauden wie die Margerite vertragen auch einen Frühsommerschnitt, dann gibt es eine Nachblüte im Herbst. Grundsätzlich braucht man nicht zimperlich zu sein mit dem Staudenschnitt von Heimischen. Ist eine Pflanze zu groß, einfach stutzen. In der Natur werden Pflanzen von Wildtieren angeknabbert und auch dort müssen sie diese Äsung überleben. Samenstände können zum Versamen entweder stehen gelassen werden oder gezielt an anderer Stelle ausgestreut werden.

Stauden erst nach dem Winter abschneiden! Aber nicht zu spät, denn nun treiben sie bald wieder aus.

Zu guter Letzt: Was kann schiefgehen?

01 *Wuchsstandorte akzeptieren!*

02 *Konkurrenz und Dynamik*

03 *Gartenwegschnecke bei der Eiablage*

01

Auch wenn man vermeintlich bei der Auswahl einer Pflanze alles richtig gemacht hat, Boden, Belichtungsverhältnisse und Feuchtigkeit zu passen scheinen, kann es trotzdem vorkommen, dass die Pflanze nicht wächst oder sogar verschwindet. Eine Möglichkeit wäre, es nochmals zu versuchen. Die andere ist, es zu lassen. Denn die standörtlichen Zusammenhänge und Bedürfnisse der Pflanzen sind genau betrachtet sehr komplex. Vielleicht stimmt der pH-Wert nicht ganz, es ist trockener als gedacht oder Bodenlebewesen wie Pilzmyzele fehlen. Akzeptieren Sie es und arbeiten Sie mit den Arten weiter, welche sich offensichtlich in Ihrem Garten wohler fühlen. Zudem kann eine freie Stelle in einer Pflanzung ein neuer Standort für einen sich einfindenden Vagabunden sein.

02

Pflanzungen mit Wildstauden unterliegen einer viel stärkeren Dynamik als „Zierarten". Einige breiten sich durch Wurzelausläufer aus, andere versamen sich stark. Es gibt im Garten immer wieder Situationen, wo solch ein Ausbreitungsdrang sogar gefragt ist, wie an einer Böschung, unter Gehölzen oder in anderen Randbereichen. Die Kunst ist es nun, bewusst solch dominante Gewächse miteinander zu kombinieren, sie in Konkurrenz zu setzen. Ausläuferbildende in eine Pflanzung mit überwiegend horstig wachsenden Stauden zu setzen, kann riskant werden: Hier heißt es, das Wuchsverhalten genau im Auge zu behalten und im schlimmsten Fall diese wieder auszugraben. Bei zu stark versamenden Arten sind rechtzeitig die Samenstände abzuschneiden. So unterdrückt man die Dynamik etwas.

03

Eigentlich wollen wir in einem Naturgarten Tiere fördern. Aber es gibt schon Gesellen wie Nacktschnecken, die einen als Gärtner in die Schranken weisen. Besonders in feuchten Sommern oder schattigen Gärten wird man damit konfrontiert. Nach einer Neupflanzung ist sehr gut zu beobachten, was zum Schnecken-Lieblingsfutter zählt. Man könnte den schleimigen Biestern nun den Kampf ansagen, doch ist es besser und weniger aufwendig, mit der Natur zu arbeiten. Insofern beobachten wir, welche Pflanzen gern abgefressen werden und lässt diese zukünftig weg. Mit der Zeit pendelt sich das Ganze ein. Es bleibt allerdings erstaunlich, warum Wildpflanzen wie der Wiesen-Salbei in der Natur ohne menschliche Hilfe überleben und in einem Schecken-Garten schlecht. Es ist nicht einfach, aber man muss sich damit abfinden.

HEIMISCHE WILDPFLANZEN

— Gehölze, Stauden & Co.

GEMEINE FELSENBIRNE

— *Amelanchier ovalis*

Wuchs 1 bis 2,50 m hoher Strauch mit aufrechter, lockerer Form, mäßig wüchsig.
Blüte & Frucht Kleine, weiße Blütentrauben im April und Mai. Dunkelviolette, essbare Früchte im Sommer.
Im Garten Dieser attraktive, kalkliebende und trockenheitsverträgliche Strauch benötigt einen nährstoffarmen, durchlässigen Boden. Er kommt am besten einzeln zur Wirkung. Als Herzwurzler ist er gut unterpflanzbar. Schöne Herbstfärbung.
Ökologischer Wert Seine Blüten liefern Insekten ein gutes Pollen- und Nektarangebot, später sind die Früchte beliebt bei Vögeln, z. B. Drossel.
Weitere Art Die Zwerg-Felsenbirne (*Amelanchier ovalis* var. *pumila*) hat einen zwergigen Wuchs, gut mit Stauden zu kombinieren.

BLASENSTRAUCH

— *Colutea arborescens*

Wuchs Der Strauch wird bis zu 3 m hoch und ca. 2,50 m breit, lockerer Wuchs, schnellwüchsig.
Blüte & Frucht Gelbe Blüten von Mai bis September. Blasenartige Früchte.
Im Garten Extrem trockenheitsverträglicher Strauch. Der Boden darf sehr mager sein, denn als Schmetterlingsblütler „düngt" er sich mit Knöllchenbakterien selbst. Wird er zu groß, kann er komplett zurückgeschnitten werden. Er treibt dann neu aus. Als attraktiver Sommerblüher für Einzelstellung und Hecken geeignet.
Ökologischer Wert Die Blüten werden vorwiegend von Hummeln bestäubt.
Besonderes Wegen der langen Blütezeit zieren Blüten als auch die Früchte (leicht giftig!) den Strauch gleichzeitig.

KORNELKIRSCHE
— *Cornus mas*

Wuchs Großstrauch, bis maximal 5 m hoch, anfangs langsamwüchsig.
Blüte & Frucht Gelbe Blüten von Anfang März bis April. Rote, essbare Früchte im Spätsommer mit hohem Vitamin-C-Gehalt.
Im Garten Das früh blühende, anspruchslose, trockenheitsverträgliche Laubgehölz bevorzugt warme Standorte. Schön als malerisches, mehrstämmiges Einzelgehölz oder Schnitthecke.
Ökologischer Wert Der wichtige Frühjahrsblüher mit gutem Pollen- und Nektarangebot liefert wichtige Nahrung für die ersten Wildbienen- und Käferarten. Die Früchte werden im Herbst von vielen Vögeln und Kleinsäugern gefressen.
Sorten Besonders großfrüchtig ist 'Schönbrunner Gourmet Dirndl'.

GEWÖHNLICHE ZWERGMISPEL
— *Cotoneaster integerrimus*

Wuchs Locker aufgebauter Kleinstrauch, 1 bis 1,50 m hoch, langsamwüchsig.
Blüte & Frucht Kleine weißlich-rosafarbene Blütenglocken im Mai und Juni. Ab September roter Fruchtschmuck.
Im Garten Diese Art verträgt fast alle Böden, solange sie nicht zu nass sind. Am besten ist ein durchlässiges, kalkhaltiges Substrat. Trockenheit macht ihr nichts aus. Wegen ihres lockeren Wuchses und den lange anhaltenden Beeren passt sie sehr schön zu Gravel-Garden-Stauden.
Ökologischer Wert Nektarlieferant für Hummeln. Die Beeren im Herbst sind bei Vögeln willkommen.
Weiteres Diese heimische Art ist in Deutschland gefährdet und steht auf der Roten Liste.

EINGRIFFELIGER WEISSDORN
— *Crataegus monogyna*

Wuchs Großstrauch bis Kleinbaum, 2 bis 5 m hoch, maximal 3 m breit, aufrecht.
Blüte & Frucht Weiße, duftende Blüten im Mai und Juni. Roter Fruchtschmuck im Herbst.
Im Garten Hitzeverträglich, robust und frosthart. Toleranter Tiefwurzler für normale Gartenböden, Unterpflanzung mit Bodendeckern gut möglich. Vor allem als Hecke, aber auch als Solitär geeignet. Da er schnittverträglich ist, kann er gut in Form gehalten werden.
Ökologischer Wert Gute Bienenweide und wichtiges Vogelnährgehölz (Beeren im Herbst). Wegen seiner Dornen ist der undurchdringliche Busch ein guter, geschützter Brutplatz für Vögel.
Weitere Art Der Zweigriffelige Weißdorn *(Crataegus laevigata)* ist für Kalkböden geeignet.

SCHWARZER GEISSKLEE
— *Cytisus nigricans*

Wuchs Zwerggehölz, 0,50 bis 1 m hoch und genauso breit, dicht verzweigt.
Blüte & Frucht Gelbe Blütentrauben, Juni bis August. Bohnenartige Früchte im Spätsommer.
Im Garten Er liebt einen nährstoffarmen, kalkhaltigen, trockenen, durchlässig-steinigen Boden. Gut in Kombination mit sonnenliebenden Stauden. Mit der Zeit bildet sich durch kriechende Wurzeln ein kugeliger Wuchs.
Ökologischer Wert Als Schmetterlingsblütler hat er ein gutes Nahrungsangebot für Insekten.
Weitere Art Kopf-Zwergginster *(Cytisus supinus)* ist kleiner als die vorher genannte Art. Sehr dekorativer Strauch für den Steingarten. Hellgelbe Blüten. Wichtige Nahrungsquelle für Schmetterlingsraupen.

GEWÖHNLICHER SEIDELBAST

— *Daphne mezereum*

Wuchs Kleinstrauch, wenig verzweigt, 0,50 bis 1,20 m hoch. Wächst relativ langsam.
Blüte & Frucht Rosa, März bis April, stark duftend. Rote Früchte. Stark giftig!
Im Garten Seine noch vor dem Laubaustrieb frühe Blüte und sein süßlicher Duft sind eine Freude. Er braucht einen kalkreichen Boden mit einer organischen Mullauflage. Sein Naturstandort sind lichte Laubwälder. Somit sollte er auch im Garten im lichten Schatten stehen – gute Ergänzung zu Frühjahrsblühern.
Ökologischer Wert Die frühen Blüten liefern ein wichtiges Nektarangebot, die Früchte werden von Vögeln angenommen.
Weitere Art Der Rosmarin-Seidelbast *(Daphne cneorum)* mag es heiß, sonnig und trocken.

FÄRBER-GINSTER

— *Genista tinctoria*

Wuchs Zwerggehölz, 20 bis 70 cm hoch, aufrecht buschig und dicht verzweigt.
Blüte & Frucht Gelbe Schmetterlingsblüten, Juni bis August. Hülsenfrüchte im Spätsommer.
Im Garten Der Strauch mag eher saure, durchlässige Böden; verträgt auch Kalk. Er ist bedingt winterhart und leidet bei Trockenheit oder Düngung. Schnittempfindlich. Neben Magerstandorten mit Stauden ist er auch an Natursteinmauern einsetzbar. Alle Ginster sind giftig!
Ökologischer Wert Gutes Nahrungsangebot für Hummeln und viele andere Insekten.
Weitere Art Sand-Ginster *(Genista pilosa)* ist ein sehr niedriger Zwergstrauch. Goldgelbe Blüten von Mai bis Juni. Schön in Steinanlagen. Ähnliche Eigenschaften wie Färber-Ginster.

BLAUE HECKENKIRSCHE
— *Lonicera caerulea*

Wuchs Kleinstrauch, 0,50 bis 1 m hoch. Lockeraufrecht, mit dichtem Astwerk, mäßig wüchsig.
Blüte & Frucht Zartgelbe, trichterförmige Blüten von Ende April bis Juni, blaubereifte Beeren.
Im Garten Dieser Strauch benötigt unbedingt eine kühle, feuchte Lage und einen kalkarmen, eher sauren und humosen Sandboden. Als Unterwuchsgehölz passt er gut zu Schattenstauden.
Ökologischer Wert Als Frühsommerblüher wichtig für Hummeln. Die für uns Menschen ungenießbaren Beeren sind für viele Vogelarten eine gute Nahrungsquelle.
Weitere Art Die hitzeverträgliche Rote Heckenkirsche *(Lonicera xylosteum)* wird mit bis zu 3 m deutlich größer. Sie benötigt einen kalkhaltigen Boden in sonniger Lage.

ECHTE MEHLBEERE
— *Sorbus aria*

Wuchs Kleinbaum, oft mehrstämmig, 4 bis 10 m hoch. Lockere, breitrunde Krone, langsamwüchsig.
Blüte & Frucht Große weiße, duftende Trugdolden im Mai und Juni. Orangerote Beeren ab September.
Im Garten Ein Baum für kleine Gärten und Extremlagen, welcher Hitze und Trockenheit gut verträgt. Als Tiefwurzler ist er zudem gut zu unterpflanzen. Die weißfilzigen Blätter verfärben sich im Herbst leuchtend orangebraun.
Ökologischer Wert Verschiedenste Insekten sammeln an den Blüten Nektar und Pollen. Dank seiner Beeren ist er ein wichtiges Vogelnährgehölz.
Sorte 'Magnifica' bildet einen Hochstamm (6 bis 18 m) und eine eiförmige Krone.

RISPEN-PIMPERNUSS
— *Staphylea pinnata*

Wuchs Strauch, bis zu 4 m hoch und 2,50 m breit, aufrechter Wuchs.
Blüte & Frucht Gelblichweiße, duftende Blütenrispen im Mai. Klappernde Kapselfrüchte.
Im Garten Wärmeliebender Strauch. Der Boden sollte humos, nicht zu trocken, aber sickerfähig sein – eine Mullauflage aus Blättern fördert dies. Schön in Einzelstellung – dank frühem, zartgrünem Laubaustrieb und attraktiver grün-weiß gestreifter Rinde.
Ökologischer Wert In Süddeutschland heimisch, hier steht er auf der Roten Liste.
Besonderes In den wie Blasen aussehenden Früchten befinden sich ebenmäßige, essbare Samen, welche früher zur Herstellung von Schmuck dienten.

GEWÖHNLICHER SCHNEEBALL
— *Viburnum opulus*

Wuchs Großstrauch, 2 bis 4 m hoch. Breit-aufrecht, schnellwüchsig. Flachwurzler.
Blüte & Frucht Weiße, tellerförmige Trugdolden, im Mai und Juni. Leuchtend rote Beeren.
Im Garten Er bevorzugt nährstoffreiche, humoslehmige, nicht zu trockene Böden. Seine Blüten und die bis weit in den Winter anhaftenden Beeren machen ihn zu einem interessanten Gehölz. Ideal für wilde Hecken. Orangerote Herbstfärbung. Gut schnittverträglich.
Ökologischer Wert Von Schwebfliegen bevorzugte Blüten, Vogelnährgehölz, Futterpflanze der Raupen des Schneeball-Blattkäfers. Befallene Sträucher bilden einen zweiten Austrieb.
Sorte 'Compactum' ist eine Zwergform mit maximal 1,20 m Höhe, sonst wie die Art.

EDLE SCHAFGARBE
— *Achillea nobilis*

Blüte Cremeweiße, schirmartige Trugdolden mit guter Fernwirkung, von Mai bis Juni.
Wuchs Horstig, 30 bis 50 cm hoch, aufrecht bis bogig. Blätter und Stängel filzig behaart.
Im Garten Sie liebt gut durchlässigen, trockenen Boden, gern auch mager bis kiesig. Zusammen mit Stauden der Magerrasen-Gesellschaft wie Wiesen-Salbei oder sonnenliebenden Gräsern ergeben sich schöne Pflanzbilder. Die würzigen Blätter können im Frühling als Salatbeigabe verwendet werden.
Ökologischer Wert Die Blüten sind beliebt bei Käfern, Grabwespen und Schwebfliegen. Die Blätter sind Futter für Schmetterlingsraupen.
Weitere Art Die Gemeine Schafgarbe *(Achillea millefolium)* ist wüchsiger bis verdrängend.

BLAUER EISENHUT
— *Aconitum napellus*

Blüte Blauviolette Helmblüten dicht an aufrechten Blütenkerzen, von Juni bis August.
Wuchs Horstig, 1,20 m hoch, Stängel aufrecht, wird mit dem Alter immer schöner.
Im Garten Eisenhut benötigt einen humusreichen, nicht zu trockenen Boden. Je feuchter er steht, desto mehr Sonne verträgt er. Seine aufrechte Gestalt bringt Struktur in eine Wald-Staudenpflanzung. Gute Kombination mit Sterndolde, Wolfs-Eisenhut oder schattenverträglichen Glockenblumen. Alle Pflanzenteile sind stark giftig: Immer mit Handschuhen arbeiten!
Ökologischer Wert Blüten für langrüsselige Hummeln, Raupenfutter für Falter.
Weitere Art Wolfs-Eisenhut *(Aconitum vulparia)* hat einen grazilen Wuchs und hellgelbe Blüten.

KRIECHENDER GÜNSEL
— *Ajuga reptans*

Blüte Lilablaue Lippenblüten von April bis Juni.
Wuchs Flacher Bodendecker mit unterirdischen Ausläufern, 15 bis 30 cm hoch, mit wintergrünem Blattwerk.
Im Garten Günsel bildet schnell einen geschlossenen Teppich und kann sogar Lückenfüller zwischen Trittplatten sein. Sein dunkles, gesundes Laub macht ihn zu einem attraktiven Bodendecker. Der Boden sollte frisch und humos sein.
Ökologischer Wert Die frühe Blüte und seine zahllosen Blütenkerzen machen ihn zu einer guten Hummel- und Schmetterlingsweide.
Sorten In der Natur gibt es Zufallsmutationen mit Blüten in Weiß ('Alba') und Rosa ('Rosea'). Noch dunkleres Laub als die Art hat die Sorte 'Black Scallop'.

GROSSES WINDRÖSCHEN
— *Anemone sylvestris*

Blüte Weiß mit gelber Mitte, von Mai bis Juni, Massenblüher. Hübsche, wollige Samenstände.
Wuchs Ausläufertreibende Staude, 20 bis 40 cm hoch.
Im Garten In der Natur kommt sie in lichten Kiefernwäldern vor (*sylvestris* = waldig). Im Garten wächst die kalkliebende Pflanze auch auf trockenen bis frischen Böden und funktioniert flächig unter Gehölzen. Anfangs noch etwas langsamwüchsig. Später als konkurrenzstarker Bodendecker muss man genau überlegen, womit man ihn kombiniert: In der Sonne sind Gräser wie das Rohr-Pfeifengras möglich, im Halbschatten eignet sich die Sternmiere als Partner.
Ökologischer Wert Guter Pollenspender für Wildbienen.

ÄSTIGE GRASLILIE

— *Anthericum ramosum*

Blüte Weiße, locker verzweigte Blütenstände, von Juni bis August.
Wuchs Horstig, 50 bis 60 cm hoch, bogige Blätter, Stängel aufrecht, gute Selbstaussaat.
Im Garten Aufgrund ihrer Zartheit kann man sie einzeln oder in kleinen Gruppen setzen. Die Ästige Graslilie mag durchlässige, eher kalkige und nährstoffarme Böden. Wegen ihrer tiefen Wurzeln übersteht sie Trockenheit gut. Sie passt bestens in Stein- und Kiesgärten.
Ökologischer Wert Gute Bienenweide, die Früchte sind zudem Raupenfutter.
Besonderes Diese Art kommt in Mitteleuropa bevorzugt auf Trockenrasen vor. Der deutsche Name ist irreführend, da sie nicht zu den Lilien, sondern zu den Spargelgewächsen zählt.

BERG-ASTER

— *Aster amellus*

Blüte Blauviolette Blüten, mit gelber Mitte, von August bis Oktober.
Wuchs Locker buschig, mit tiefen Wurzeln. Aufrechte Blütenstiele, 20 bis 50 cm hoch
Im Garten Diese Aster steht am Naturstandort auf kalkig-steinigem Untergrund in voller Sonne. Ebenso sollte sie im Garten verwendet werden: passt in Steingärten, aber auch in den Beetvordergrund kiesiger Beete. Als wichtiger Spätsommerblüher kann sie gut mit Wimper-Perlgras oder Steppen-Wolfsmilch kombiniert werden.
Ökologischer Wert Gute Wildbienenweide, die Samen bieten für Feldsperling und Co. Nahrung.
Sorten Es gibt eine ganze Reihe hübscher Sorten, von dunkel-violetten Blüten wie 'Veilchenkönigin' bis rosa blühend wie 'Lady Hindlip'.

GROSSE STERNDOLDE
— *Astrantia major*

Blüte Grünlich-weiße bis rosafarbene, markante Blütenköpfchen im Juni und Juli, Nachblüte im September.
Wuchs Horstig, 50 bis 70 cm hoch, attraktives Laub. Sät sich selbst aus, wenn sie sich wohlfühlt.
Im Garten Die Sterndolde bevorzugt einen humusreichen Boden. Je feuchter sie steht, desto mehr Sonne kann sie vertragen. Sie kann sowohl als Flächenbegrüner als auch einzeln verwendet werden. Da sie einen schönen, standstarken Wuchs hat, ist sie für den Beetvordergrund geeignet.
Ökologischer Wert Wird von Faltern und Wildbienen wegen ihres Nektars besucht.
Sorten Neben der Art gibt es zahlreiche Sorten in Weiß, über Rosa bis Purpur.

WEIDENBLÄTTRIGES OCHSENAUGE
— *Buphtalmum salicifolium*

Blüte Gelber Korbblütler, Dauerblüher von Juni bis September.
Wuchs Horstig, 20 bis 60 cm hoch, dichter und kompakter Wuchs.
Im Garten Standortgerecht gepflanzt ist dies eine unkomplizierte Staude für den Beetvordergrund. Sie verträgt sowohl starke Trockenheit als auch mäßig frischen Gartenboden. Doch sonnig muss er sein, wächst sie am Naturstandort auf alpinen Sonnenmatten. Das Ochsenauge wirkt sehr schön im Kiesgarten für sich, kann aber auch gut mit Stauden wie Moschus-Malve, Kartäuser-Nelke oder Wiesen-Salbei zusammengesetzt werden.
Ökologischer Wert Gute Bienenweide.
Bemerkung Ähnlich ist der Schwertblättrige Alant *(Inula ensifolia)*.

PFIRSICHBLÄTTRIGE GLOCKENBLUME — *Campanula persicifolia*

Blüte Blaue glockenförmige Blüten, von Juni bis August.
Wuchs Immergrün, 30 bis 50 cm hoch. Breitet sich gern aus über Ausläufer und Selbstaussaat.
Im Garten Diese Glockenblume liebt einen mäßig trockenen bis frischen Boden im klassischen Staudenbeet oder am Gehölzrand. Der Standort muss warm sein. Somit ist diese Art sowohl im Staudenbeet als auch im Kiesbeet gut zu verwenden. Da sie nicht sehr standstark ist, sollte sie immer zusammen mit anderen Stauden wie Wiesen-Salbei oder Gräsern gepflanzt werden.
Ökologischer Wert Wichtig für spezialisierte Solitärbienen, beispielsweise die Glockenblumen-Scherenbiene.
Sorte Hübsch zur Aufhellung: die weiße 'Alba'.

RUNDBLÄTTRIGE GLOCKENBLUME — *Campanula rotundifolia*

Blüte Blauvioletter, heimischer Dauerblüher von Mai bis Oktober.
Wuchs Sommergrün, 10 bis 30 cm hoch. Vermehrt sich mit der Zeit durch Ausläufer.
Im Garten Diese auf heimischen Magerstandorten vorkommende zarte Staude liebt es heiß. Der Boden darf trocken, durchlässig, aber auch leicht humos sein. Ist er zu nährstoffreich, versagt sie. Schön wirkt sie im Vordergrund zwischen Steinen von naturhaften Anlagen wie Steingärten, Mauern oder Kieswegen. Mit den Jahren kann sie flächig-dichte Bestände ausbilden.
Ökologischer Wert Wichtig für spezialisierte Solitärbienen.
Sorte 'White Gem' blüht weiß, hat sonst aber die Eigenschaften der Ursprungsart beibehalten.

QUIRLBLÄTTRIGE ZAHNWURZ

— *Cardamine enneaphyllos*

Blüte Zartgelb, über dem Laub stehend, im März und April.
Wuchs Krautige, mehrjährige Pflanze mit hellgrünem Laub, 20 bis 30 cm hoch.
Im Garten Dieser bezaubernde Frühjahrsblüher wächst am Naturstandort in lichten Laubwäldern auf kalkhaltigem Boden. Somit ist die Zahnwurz eine ideale Pflanze für artenreiche Beete im Halbschatten. Mit ihren hellen Blüten und dem frischen Laub leuchtet sie dort heraus. Leider ist es nicht einfach, sie im Handel zu finden.
Ökologischer Wert Wegen der frühen Blüte ein absoluter Hummelmagnet.
Weitere Art Das zur gleichen Gattung gehörende Wiesen-Schaumkraut *(Cardamine pratensis)* benötigt feuchte, sonnige Wiesen.

WIESEN-FLOCKENBLUME

— *Centaurea jacea*

Blüte Violett, von Juni bis September.
Wuchs Horstig, gut versamend, 20 bis 50 cm hoch.
Im Garten Die klassische Wiesenblume ist anpassungsfähig für verschiedenste Böden, solange sie in der Sonne steht. So verträgt sie starke Hitze und Trockenheit. Wichtig ist zudem ein magerer Boden. Sie kann als Staude in wiesenartige Bestände gesetzt werden oder als Saatgut ausgebracht werden. Somit passt sie gut zu Wiesen-Schafgarbe oder Wiesen-Salbei.
Ökologischer Wert Wildbienen lieben ihre Blüten, Scheckenfalter benötigen sie als Raupenfutter.
Weitere Art Die Berg-Flockenblume (*Centaurea montana)* ist eine langlebige Staude. Sie benötigt einen feuchten, frischen, humosen Boden.

KARTÄUSER-NELKE — *Dianthus carthusianorum*

Blüte Leuchtend purpurrot, duftend, gute Fernwirkung, Dauerblüher von Juni bis September.
Wuchs Wenig ausdauernde Staude, aber gut versamend, 30 bis 50 cm hoch.
Im Garten Kalkliebende Pflanze für trockene Standorte. Das Substrat sollte durchlässig sein. Für Dach- und Kiesgärten bestens geeignet – hier verwildern die Pflanzen durch Selbstaussaat. Oft reicht es, nur initiale Stauden zu setzen.
Ökologischer Wert Wird von Schmetterlingen und langrüsseligen Hummeln angeflogen. Der tief im Blütenschlund liegende Nektar muss mit einem Rüssel herausgesaugt werden.
Weitere Art Für Sandböden und Steingärten eignet sich die ca. 20 cm hohe, duftende, weiß blühende Sand-Nelke *(Dianthus arenarius).*

FLACHBLÄTTRIGER MANNSTREU — *Eryngium planum*

Blüte Tiefblaue Blütenbälle mit interessanten Hochblättern, von Juli bis September.
Wuchs Horstige, eher kurzlebige Staude, 30 bis 80 cm hoch, mit dickfleischigen Wurzeln.
Im Garten Der Mannstreu muss für sich wirken können, da seine gesamte Gestalt ausgesprochen apart ist. Sogar im Herbst und Winter macht er noch eine gute Figur, deshalb unbedingt stehen lassen. Er liebt ein kalkhaltiges, durchlässiges Substrat. Gestalterisch passt er gut in steppenartige Bepflanzungen und Kiesgärten.
Ökologischer Wert Mannstreu ist eine der besten Bienenweiden.
Weitere Art Der Alpen-Mannstreu (*Eryngium alpinum)* 'Blue Star' ist in der Blüte noch bizarrer. Seine Standortansprüche sind ähnlich.

STEPPEN-WOLFSMILCH

— *Euphorbia seguieriana*

Blüte Grünlich gelbe Blütendolden, Mai bis Juli.
Wuchs Horstig, attraktiv halbkugelig, leicht überhängend, 30 bis 40 cm hoch.
Im Garten Schon mit dem zeitigen Laubaustrieb wirken die blaubereiften Blätter. Dank ihres kugeligen Wuches ist diese Wolfsmilch strukturgebend. Ihre lang anhaltende und leuchtende Blüte hebt sie farblich im Staudenbeet ab. Gute Pflanzpartner sind blau blühende Stauden wie Salbei, aber auch Gräser. Sie ist genügsam, benötigt aber einen durchlässigen Boden.
Ökologischer Wert Schwebfliegen besuchen die Blüten, ihr Laub dient Raupen als Futter.
Weitere Art Die ebenfalls sehr bescheidene Zypressen-Wolfsmilch *(Euphorbia cyparissias)* bildet starke Ausläufer.

BRAUNER STORCHSCHNABEL

— *Geranium phaeum*

Blüte Braunviolett mit weißlicher Mitte, leicht nickend, von Mai bis Juli. Selbstaussaat.
Wuchs Straff aufrechte Staude, 50 bis 70 cm hoch, attraktives Laub mit Herbstfärbung.
Im Garten Dieser Storchschnabel ist eher ein Waldbewohner. Er benötigt einen normalen bis mäßig trockenen Gartenboden, der Standort sollte nicht zu heiß und sonnig sein. Halbschatten, auch trocken, ist ideal. Mit seinen nicht lästig werdenden Rhizomen ist er attraktiv in flächigen Pflanzungen am Gehölzrand. Er kann aber auch im Schattenbeet einzeln strukturgebend verwendet werden, da seine locker verzweigten Blütenstände hoch über seinem Blattwerk stehen.
Ökologischer Wert Gute Insektenweide.
Sorte 'Album' ist schwachwüchsiger als die Art.

BLUT-STORCHSCHNABEL – *Geranium sanguineum*

Blüte Leuchtend purpurrote, einfache Schalenblüte, von Juni bis August.
Wuchs Breitbuschig, 30 bis 40 cm hoch, mattenbildend. Wüchsig durch kurze Rhizome, kann sich auch versamen. Schöne Herbstfärbung.
Im Garten Unempfindliche Wildstaude für trockene, heiße Standorte mit durchlässigem Boden. Am Naturstandort wächst sie zwischen Stein und Kies. Ein normaler, durchlässiger Gartenboden funktioniert jedoch auch. Besonders schön zur Unterpflanzung in sonnigen Bereichen unter Rosen oder im Gravel Garden. Geeignet für die Begrünung von Trögen.
Ökologischer Wert Gute Insektenweide.
Sorte Neben der Urform gibt es die kompaktwüchsige, weiße Sorte 'Album'.

GEWÖHNLICHES SONNENRÖSCHEN — *Helianthemum nummularium*

Blüte Kräftig gelb, ungefüllt, schalenförmig, von Juni bis September.
Wuchs Horstig, an der Basis verholzend, niederliegend, 10 bis 30 cm hoch. Wintergrünes Blatt.
Im Garten Dieser reizende Sommerblüher wächst in der Natur auf kalkhaltigem Trockenrasen und Felsschutthalden. Deshalb passt er sehr gut in Steinanlagen oder als Einfassungspflanze in den Beetvordergrund. Trockenheit wird sehr gut vertragen. Thymian und trockenheitsliebende Gräser passen perfekt zu ihm. Nach der Blüte etwas zurückschneiden. Leicht überhängend funktioniert sie auch in Pflanztrögen.
Ökologischer Wert Raupenpflanze für verschiedene Schmetterlinge.
Sorten Es gibt viele Sorten in Weiß bis Rot.

GEWÖHNLICHES LEBERBLÜMCHEN

— *Hepatica nobilis*

Blüte Leuchtend lilablaue Blüten, von März bis April, kann im Herbst nachblühen.
Wuchs Horstig, 10 bis 20 cm hoch, mit attraktivem, wintergrünem Blattwerk.
Im Garten Diese früh blühende Waldstaude benötigt wie in der Natur einen halbschattigen, humosen Standort. Kalkreicher Boden wird bevorzugt. Mit der Zeit bildet sie schöne Kolonien durch langsame Aussaat. Neben der Blüte ist auch ihr fast herzförmiges Blatt sehr zierend. Sie passt bestens zu Primeln und Schneeglöckchen.
Ökologischer Wert Sehr gutes Pollenangebot, auch für Käfer und Schwebfliegen.
Weitere Art Das Siebenbürger Leberblümchen *(Hepatica transsilvanica)* bildet mittels kurzer Ausläufer mit der Zeit geschlossene Bestände.

WIESEN-WITWENBLUME

— *Knautia arvensis*

Blüte Violettblau bis hellrosa, lange Blütezeit von Mai bis August.
Wuchs Horstig, 30 bis 80 cm hoch, etwas sparrig, kurzlebig, aber gut versamend.
Im Garten Attraktive Staude, deren Blüten wie Bälle über der Pflanzung schweben. Normaler bis durchlässiger Gartenboden, verträgt Trockenheit. Da sie nicht so standstark ist, sollte sie mit anderen Stauden wie Wiesen-Flockenblume oder Knäuel-Glockenblume kombiniert werden. Schön wirkt sie in einer wiesenartigen Pflanzung.
Ökologischer Wert Nektarlieferant für Falter, zudem gute Schmetterlingsraupen-Futterpflanze.
Weitere Art Sehr ähnlich im Aussehen, aber für trocken-heiße Standorte geeignet, ist die Trauben-Skabiose *(Scabiosa columbaria)*.

AUSDAUERNDER LEIN
— *Linum perenne*

Blüte Hellblaue, zarte Einzelblüten in Massen, von Juni bis August.
Wuchs Filigran, standstark, an feinen Stängeln, 20 bis 60 cm hoch. Selbstaussaat.
Im Garten Dieser Lein kommt auf felsigen Magerwiesen vor. Ebenso ist er im Garten zu verwenden. Deshalb passt er gut in Steinanlagen, aber auch in eine sandige Steppenbepflanzung, wo er alleine für sich wirken darf. Er verträgt Trockenheit und Hitze. Hübsche Partner sind der Wiesen-Salbei oder wärmeliebende Gräser wie das Mittlere Zittergras.
Ökologischer Wert Bienenweide.
Weitere Art Der Gelbe Lein *(Linum flavum)* hat ähnliche Standortbedingungen, ist in seiner Gestalt aber deutlich kleiner.

BLUT-WEIDERICH
— *Lythrum salicaria*

Blüte Purpurfarbene Blütenkerzen, von Juli bis September.
Wuchs Buschige, standfeste Staude, horstig, 1 bis 1,20 m hoch. Attraktive Herbstfärbung.
Im Garten Obwohl sie in der Natur meist im Feuchten wächst, verträgt sie auch leicht trockene, vollsonnige Bereiche. Dann ist sie lediglich etwas gedrungener in ihrer Größe. Nährstoffreicher Gartenboden ist sinnvoll. Als unermüdlicher Hochsommerblüher eignet sie sich gut für klassische Staudenbeete.
Ökologischer Wert Bienenweide für Wildbienen. Raupenfutterpflanze für Schmetterlinge wie den Faulbaumbläuling.
Sorten 'Blush' ist hellrosa, die höher wachsenden 'Feuerkerze' und 'Robert' blühen in Purpurrot.

MOSCHUS-MALVE
— *Malva moschata*

Blüte Hellrosa, duftende Blüten, lange Blütezeit von Juli bis September.
Wuchs Horstig, 50 bis 60 cm hoch, buschig verzweigt, manchmal nicht ganz standstark.
Im Garten Dieser schöne, robuste Sommerblüher verträgt ein breites Bodenspektrum: von mager und trocken bis frisch und mäßig fett. Er entwickelt sich im ersten Pflanzjahr schnell und blüht da schon reichlich. Als Wiesenpflanze sollte man sie nach der Blüte zurückschneiden. Neben einer Pflanzung kann man sie auch gut ansäen. Sie braucht nur etwas Platz zur Entwicklung.
Ökologischer Wert Guter Pollenlieferant für Hummeln, Raupenfutterpflanze für den Distelfalter.
Sorte 'Alba' ist eine reinweiße Form.

IMMENBLATT
– *Melittis melissophyllum*

Blüte Weiß mit rosa Schlund, große Lippenblüten, von Juni bis Juli.
Wuchs Horstig, aufrecht, 30 bis 50 cm hoch. Frischgrüne, nesselartige Blätter.
Im Garten Das kalkliebende Immenblatt bevorzugt als Gehölzrandstaude einen humusreichen, aber lockeren Boden, welcher auch mal austrocknen darf. Wegen seiner schönen Gestalt und der hellen Farbe kann es in Staudenbeeten eingesetzt werden. In Kombination mit Bodendeckern wie Lungenkraut oder Immergrün kommt es gut zur Geltung. Leider mögen Schnecken sein Laub.
Ökologischer Wert Der Name „Imme" sagt es – beliebt unter Hummeln und Schmetterlingen.
Bemerkung Nesselkönig *(Lamium orvala)* wird ähnlich verwendet, für schattigere Bereiche.

DORNIGE HAUHECHEL
— *Ononis spinosa*

Blüte Rosa Lippenblüten, lange Blütezeit von Juni bis August.
Wuchs Horstig, kompakt, verholzend, 30 bis 60 cm hoch. Leicht bedornte, rötliche Triebe.
Im Garten Der Boden muss durchlässig, kalkhaltig und mager sein. Es kann ihr gar nicht trocken genug sein, sie ist damit bestens für Kies- und Steingärten geeignet. Wegen ihres kugeligen, zwergbuschartigen Wuchses darf sie auch gern solitär stehen. Ansonsten passt zu ihr der Natternkopf oder das Polster-Schleierkraut.
Ökologischer Wert Wildbienen- und Schmetterlingsweide. Raupenfutter für den Hauhechel-Bläuling.
Weitere Art Die Kriechende Hauhechel *(Ononis repans)* wächst deutlich niedriger.

GROSSE BIBERNELLE
— *Pimpinella major*

Blüte Cremeweiße Dolden, luftig über der Pflanze stehend, von Juni bis September.
Wuchs Horstig, hübsche, gefiederte hellgrüne Blätter, 40 bis 100 cm hoch.
Im Garten Die mehrjährige, lange blühende Staude lockert und hellt mit ihren feinen Blüten Pflanzungen auf. Am besten wächst sie auf eher normalen Gartenböden. Schöne Partner sind Akeleien oder Lichtnelken.
Ökologischer Wert Wichtig für Käfer und Schwebfliegen. Futterpflanze für Schmetterlingsraupen.
Weitere Art Die rosa blühende *Pimpinella major* ssp. *rubra* ist etwas kleiner als die weiße Form. Sie verträgt mehr Trockenheit, ebenso wie die Kleine Bibernelle *(Pimpinella saxifraga)*.

ECHTE SCHLÜSSELBLUME

— *Primula veris*

Blüte Buttergelb, Schlund orange gefleckt, duftend, von April bis Juni.
Wuchs Horstig, kompakter Wuchs mit hübschem Laub, 10 bis 20 cm hoch, gut versamend.
Im Garten Dieser auf Halbtrockenrasen vorkommende Frühlingsbote passt bestens in magere Substrate wie Kies oder in wiesenartige Situationen, solange es warm und sonnig ist. Das Substrat sollte kalkhaltig und leicht humos sein. Auch lichter Schatten wird toleriert. Schöne Pflanzpartner sind Leberblümchen und Akeleien.
Ökologischer Wert Hummeln schätzen ihren Nektar, Futter für Raupen des Würfelfalters.
Weitere Art Die zart hellgelbe Hohe Schlüsselblume *(Primula elatior)* bevorzugt nährstoffreiche, frische Böden in halbschattigen Bereichen.

ECHTES LUNGENKRAUT

— *Pulmonaria officinalis*

Blüte Rosa-blau, von April bis Juni.
Wuchs Bodendecker mit kurzen Ausläufern, 15 bis 30 cm hoch.
Im Garten Lichter Laubwald ist der Naturstandort dieser Staude. So mag sie auch im Garten wachsen. Der Boden sollte humos und nährstoffreich sein. Nicht nur ihre im Frühling blühenden Blüten schmücken, sondern auch ihr leicht geflecktes Laub. Sie ist somit ein guter Bodendecker unter Gehölzen, sofern sie nicht zu trocken steht.
Ökologischer Wert Besonders früh fliegende Hummeln schätzen die Blüten.
Sorte Wer den Schatten etwas aufhellen möchte, der verwendet die weiß blühende 'Sissinghurst White'. Deren Blätter sind noch stärker gefleckt, was den Kontrast zu den Blüten verstärkt.

KÜCHENSCHELLE
— *Pulsatilla vulgaris*

Blüte Violette Glocken mit gelben Staubbeuteln, März und April. Hübsche Samenstände.
Wuchs Horstig, 5 bis 20 cm hoch. Zieht nach dem frühen Austrieb wieder ein. Langlebig, versamend.
Im Garten Wunderbarer Frühjahrsblüher für trockene Gärten mit durchlässigem, kalkhaltigem Substrat. Vom Naturstandort ausgehend passt die Küchenschelle gut in Steingärten und Kiesbeete. Da zum Zeitpunkt ihrer Blüte die meisten Stauden noch nicht ausgetrieben haben, kann man sie in hoher Stückzahl dazwischensetzen.
Ökologischer Wert Wichtiger Frühjahrsblüher für Hummeln.
Sorten Im Handel gibt es auch eine weiße Form ‘Alba’ und die ‘Rote Glocke’.

WIESEN-SALBEI
— *Salvia pratensis*

Blüte Blau-violette Lippenblüten in Scheinähren, von April bis August, Nachblüte im September.
Wuchs Horstig, locker, 30 bis 60 cm hoch, relativ langlebig, gut versamend.
Im Garten In der Natur finden wir diese Art auf mageren Trockenrasen. So möchte er auch im Garten stehen: in nährstoffarmem, durchlässigen Boden. Verträgt Trockenheit. Er eignet sich bestens für heiße Bereiche an der Terrasse oder im Kiesbeet bzw. Gravel Garden. Schön in Kombination mit Wiesen-Witwenblume, Margerite oder Wimper-Perlgras. Rückschnitt nach der Blüte fördert Nachblüte. Schneckengefährdet.
Ökologischer Wert Sehr gute Wildbienenweide.
Sorten Sämlingssorten gibt es in Weiß wie ‘Swan Lake’ oder in Rosatönen wie ‘Sweet Esmeralda’.

GROSSER WIESENKNOPF
— *Sanguisorba major*

Blüte Weinrote, kugelige Blüten, standstark über dem Laub schwebend, Juli bis September.
Wuchs Horstig, hellgrüne, attraktive Blätter 0,30 bis 1 m hoch.
Im Garten Diese sehr anpassungsfähige Staude wächst in einem leicht trockenen bis frischen Gartenboden. Ihre aparten, langhaltenden Blütenknöpfe zieren klassische Staudenbeete. Somit lässt sie sich gut mit Storchschnabel oder Gräsern wie der Wald-Schmiele kombinieren.
Ökologischer Wert Raupenfutterpflanze.
Sorten und Arten Die Sorte 'Tanne' wächst kompakter und verträgt etwas mehr Trockenheit. Die Blüten des Kleinen Wiesenknopfes *(Sanguisorba minor)* sind nicht so attraktiv, dafür ist er ein geschmackvolles Küchenkraut.

POLSTER-SEIFENKRAUT
— *Saponaria ocymoides*

Blüte Purpurrosafarben, von Mai bis Juli.
Wuchs Ausladender Polsterbildner, horstig, 10 bis 20 cm hoch, aber mehr breit als hoch.
Im Garten Dieser wunderschöne Dauerblüher für den Steingarten ist ausgesprochen genügsam. Er benötigt nur Sonne und einen kiesig-durchlässigen Boden. In trockenen Kiesbeeten sollte er aufgrund seines niedrigen Wuchses im Vordergrund stehen. Die Pflanze entwickelt sich recht schnell zu einer ansehnlichen Größe.
Ökologischer Wert Schmetterlinge lieben den Nektar des Nelkengewächses.
Weitere Art Das Echte Seifenkraut *(Saponaria officinalis)* bevorzugt normale Gartenböden und bildet Ausläufer – im Staudenbeet regelmäßig kontrollieren.

GEWÖHNLICHE PECHNELKE — *Silene viscaria* (syn. *Lychnis viscaria*)

Blüte Pink-rosarote, ungefüllte Blüten auf langen Stielen, von Mai bis Juli.
Wuchs Horstig, grasartige Grundrosette, 30 bis 60 cm hoch.
Im Garten Diese attraktive Staude mit leuchtenden Blüten ist es wert, im Garten zu stehen. Der Boden sollte eher mager und durchlässig sein. Damit ihre Gestalt voll zur Geltung kommt, sollte sie im Vordergrund stehen. Somit ist sie im Kiesgarten oder in der Dachbegrünung richtig. Sie passt gut zu Stauden-Lein oder Wiesen-Salbei.
Ökologischer Wert Langrüsselige Hummeln und Schmetterlinge laben sich an ihr.
Sorten 'Splendens' und 'Feuer' sind ungefüllte Sorten, die aparte weiß blühende 'Alba' hellt dunkle Ecken auf.

GROSSE STERNMIERE — *Stellaria holostea*

Blüte Strahlend weiß, sternförmig, in Massen von April bis Juni.
Wuchs Ausbreitungsfreudig, ohne lästig zu werden, flach liegend, 15 bis 20 cm hoch, immergrün.
Im Garten In der Natur wächst sie in lichten Laubwäldern. Als Boden eignet sich ein durchlässiges, humoses Substrat. Der wunderschöne Bodendecker toleriert andere Stauden. Dazu passen Akelei, Rote Lichtnelke oder Primeln. Das immergrüne Laub schmückt auch nach der Blüte. Die Pflanze kann im Frühsommer zurückgeschnitten werden; sie treibt kompakt wieder aus.
Ökologischer Wert Nektarpflanze für Nachtfalter. Raupenfutterpflanze.
Weitere Art Die zartere Gras-Sternmiere *(Stellaria graminea)* ist für sonnige, trockene Bereiche.

ECHTER GAMANDER
— *Teucrium chamaedrys*

Blüte Purpurrosafarben, im Juli und August.
Wuchs Flacher Mattenbildner durch Ausläufer, 15 bis 30 cm hoch; wintergrünes Laub.
Im Garten Diese Wildstaude hat alle Vorzüge eines Bodendeckers, da ihre Blätter auch im Winter grün sind. Gamander ist gut anpassungsfähig, mag aber vor allem humusarme, eher kiesige Böden – ideal für Steingärten und Kiesanlagen, schön in Kombination mit anderen Stauden wie Sonnenröschen oder Polster-Seifenkraut. Aufgrund seiner Größe sollte er im Vordergrund platziert werden. Auch gut für die Dachbegrünung geeignet.
Ökologischer Wert Seine Lippenblüten sind gute Bienenweide für Wildbienen und Hummeln.
Sorte Auch in Weiß ('Alba') erhältlich.

GROSSER EHRENPREIS
— *Veronica teucrium*

Blüte Leuchtendblau, traubige Blütenstände, im Juni und Juli.
Wuchs Horstig, aufrecht, 20 bis 50 cm hoch. Bildet mit der Zeit große Bestände.
Im Garten Dieser Ehrenpreis verdient alle Ehre, denn es gibt kaum ein Blau, das so leuchtet. Der Boden sollte kalkhaltig, nährstoffarm und durchlässig sein. Er kann im Kiesbeet bestens verwendet werden, aber auch im Vordergrund eines Staudenbeetes. Nach der Blüte abschneiden. Elegante Partner sind Ästige Graslilie und Moschus-Malve.
Ökologischer Wert Sehr gute Bienen- und Schmetterlingsweide, Raupenfutterpflanze.
Weitere Art Für Steingärten oder zur Dachbegrünung eignet sich der Niederliegende Ehrenpreis *(Veronica prostrata)*, 5 bis 30 cm hoch.

GELBER FINGERHUT

— *Digitalis lutea*

Blüte Hellgelbe, relativ schmale Blütenröhren, von Juni bis August.
Wuchs Zwei- bis mehrjährig, hohe Blütenstängel, mehrtriebig, 0,60 bis 1 m hoch.
Im Garten Aus der frischgrünen Winterrosette treiben ab dem zweiten Jahr hohe Blütenstände. Er liebt kalkhaltige, etwas steinige Lehmböden in warmer Lage. Damit ist er prädestiniert für den Gehölzrand oder Hintergrund einer üppigen Staudenkomposition, z. B. mit Wald-Storchschnabel oder Blauem Eisenhut.
Ökologischer Wert Vor allem Hummeln wagen sich in den Blütenschlund.
Weitere Arten Ebenfalls gelb blüht der Großblütige Fingerhut *(Digitalis grandiflora)*, dunkelrosa der Rote Fingerhut *(Digitalis purpurea)*.

WILDE KARDE

— *Dipsacus fullonum*

Blüte Zartlila, eiförmige, stachelige Blütenstände, im Juli und August des zweiten Jahres.
Wuchs Zweijährig, standstark, 0,70 bis 1,50 m.
Im Garten Als Ruderalpflanze bevorzugt sie einen durchlässigen, trockenen Boden; funktioniert aber in nährstoffreichem Substrat wie einem sonnigen Saum. Auch nach der Blüte ist sie noch attraktiv, wenn ihre distelartigen, getrockneten Blütenstände im Winter Pflanzungen zieren.
Ökologischer Wert Gute Bienen- und Schmetterlingsweide. Die Samen werden von vielen Vögeln rausgepickt. Die Blätter sind am Stängel so verwachsen, dass kleine Wasserstellen für Tiere entstehen.
Besonderheit Die Karde ist ein Archäophyt und stammt aus dem Mittelmeerraum.

GEWÖHNLICHER NATTERNKOPF
— *Echium vulgare*

Blüte Hohe blaue Blütenstände, von Juni bis August.
Wuchs Zweijährig, 40 bis 80 cm hoch.
Im Garten Im ersten Jahr bildet der Natternkopf große Rosetten, deren dunkelgrüne Blätter behaart sind. Im zweiten Jahr schiebt er wunderschöne Blüten. Er ist sehr robust, standstark, bevorzugt durchlässige, nährstoffarme Böden, und verträgt Trockenheit. Mit der Zeit kann er sich stark versamen, was durch einen Rückschnitt der Samenstände unterbunden werden kann.
Ökologischer Wert Hummel-, Bienen und Schmetterlingsmagnet.
Weitere Art Der mediterrane Wegerich-Natternkopf *(Echium plantagineum)* kommt in einjährigen Ansaaten in Verwendung.

GEWÖHNLICHE NACHTVIOLE
— *Hesperis matronalis*

Blüte Violetter Kreuzblütler, üppige Blütenstände, nachts duftend, von Mai bis Juli.
Wuchs Lockerhorstig, 0,40 bis 1 m hoch, zuverlässige Selbstaussaat.
Im Garten Die Nachtviole ist eher kurzlebig. Passt der Standort, vagabundiert sie gern durch die Beete. Sie verträgt sowohl trockene als auch normale Gartenböden. Sie gedeiht in der Sonne oder am halbschattigen Gehölzrand. Da sie nicht sehr standstark ist, sollte sie in den Beetmittelgrund gepflanzt werden. Passt gut an Zäune oder in Staudenbeete, auch zu Rosen.
Ökologischer Wert Gute Bienen- und Schmetterlingsweide, vor allem für Nachtfalter.
Sorte Die weiße Form *Hesperis matronalis* var. *albiflora* hellt schattigere Bereiche auf.

EINJÄHRIGES SILBERBLATT
— *Lunaria annua*

Blüte Zartlila bis purpurviolette Kreuzblüten an hohen Blütenständen, von April bis Juni.
Wuchs Zweijährig, standstark, 0,50 bis 1 m.
Im Garten Entgegen seinem Namen ist dieses Silberblatt zweijährig: Es bildet zuerst nur zarte Blätter und blüht im zweiten Jahr. Seine silberfarbenen Samenschötchen bleiben bis weit in den Winter hinein. Es wächst auf nährstoffreichen Böden. Wegen seiner kräftigen Blütenfarbe ist es ein Lückenfüller am Gehölzrand. Ursprünglich stammt es aus Südosteuropa.
Ökologischer Wert Gute Bienen- und Schmetterlingsweide, auch für Nachtfalter.
Weitere Art Die Mondviole *(Lunaria rediviva)* ist eine langlebige, heimische Staude. Mit ihren zartlila Blüten ziert sie lichten Schatten.

KUCKUCKS-LICHTNELKE
— *Lychnis flos-cuculi*

Blüte Rosarote, ausgefranste Stiltellerblüten, von Mai bis Juli.
Wuchs Lockerhorstig, 40 bis 60 cm hoch, Selbstaussaat an zusagendem Standort.
Im Garten Diese kurzlebige Staude bevorzugt humosen bis feuchten, nährstoffreichen Gartenboden, auch Teichränder und Feuchtwiesen. Sie verträgt weder Trockenheit noch Konkurrenz. In größeren Gruppen pflanzen! Damit sie lange erhalten bleibt, lässt man ihre Samenstände stehen und bietet ihr offene Stellen zum Keimen an.
Ökologischer Wert Die zarten Röhrenblüten werden vorwiegend von langrüsseligen Insekten wie Schmetterlingen und Hummeln besucht.
Sorte 'White Robin' besticht durch reinweiße Blüten an roten Sielen.

ROTE LICHTNELKE
— *Silene dioica*

Blüte Rosa-pinkfarbene Stiltellerblüten, von April bis Juni.
Wuchs Zweijährig bis mehrjährig, etwas sparrig, 30 bis 50 cm. Bleibt durch Selbstaussaat erhalten.
Im Garten Diese leuchtende Erscheinung liebt leicht feuchte, eher humose, kalkhaltige Standorte, in vollsonniger Lage oder an einem Gehölzrand. Zusammen mit Nesselblättriger Glockenblume, Akelei oder Mondviole kommt sie wunderbar zur Wirkung. Leider lieben Schnecken sie auch.
Ökologischer Wert Gute Schmetterlingsweide, vor allem für Tagfalter.
Weitere Art Die Weiße Lichtnelke (*Silene latifolia* ssp. *alba*) liebt ähnliche Standortbedingungen. Ihre Blüten verströmen einen intensiven Duft.

SCHWARZE KÖNIGSKERZE
— *Verbascum nigrum*

Blüte Gelb mit rotbraunen Staubfäden, von Juni bis August, erst ab dem zweiten Jahr.
Wuchs Zwei- bis mehrjährig, kerzenartig, mehrtriebig, 0,60 bis 1,10 m.
Im Garten Da sie manchmal auch mehrjährig ist, findet sie in Staudenbeeten Verwendung. Zusätzlich vagabundiert sie durch Versamung. Für nährstoffarme, durchlässige Substrate in warmer Lage. Ihre Kerzen bringen eine vertikale Struktur bis weit in den Winter. Gut in steppenartiger Pflanzung mit Wiesen-Salbei oder Blut-Storchschnabel.
Ökologischer Wert Gute Bienenweide. Futterpflanze für Schmetterlingsraupen.
Weitere Arten Kleinblütige Königskerze *(V. thapsus)*, Großblütige Königskerze *(V. densiflorum)*, Mehlige Königskerze *(V. lychnites)*.

HERZ-ZITTERGRAS
— *Briza media*

Blüte Zierliche herzförmige, grünlich-gelbe Ähren, von Mai bis Juli.
Wuchs Horstig, locker, früher Austrieb, 20 bis 40 cm hoch, Versamung möglich.
Im Garten Attraktives Gras, welches im Gegensatz zu vielen andern Gräsern schon sehr früh austreibt und bereits im Frühjahr zur Geltung kommt. Es wächst am Naturstandort auf mageren, durchlässigen Rainen. Da es nicht allzu groß ist, wirkt es gut im Vordergrund kiesiger Trockenbepflanzungen und Steinanlagen. Schön in Kombination mit Kartäuser-Nelke und Wiesen-Salbei. Ein Rückschnitt nach der Blüte regt einen zweiten Wachstumsschub an.
Sorte Das Weißbunte Herz-Zittergras (*Briza media* 'Zitterzebra') hat weißgerandete Blätter.

RIESEN-SEGGE
— *Carex pendula*

Blüte Bräunliche, hängende Blüten, im Juni/Juli.
Wuchs Horstig, bogig überhängend, 0,50 bis 1,20 m hoch. Wintergrün.
Im Garten Dieses riesige Gras ist ein wahrer Hingucker. Es hat einen perfekten Wuchs, die Blütenstände pendeln locker über den malerisch-bogigen Blättern, sodass es am besten in Einzelstellung wirkt. Es benötigt einen humosen, nicht zu trockenen Boden. Je feuchter es steht, umso mehr Sonne verträgt es. Flächige Pflanzkombination mit Kleeblättrigem Schaumkraut oder Busch-Windröschen ist möglich.
Weiter Art Die zierliche Berg-Segge *(Carex montana)* für sonnige Standorte hat zunächst gelbe Blüten, später besticht sie mit leuchtender Herbstfärbung.

RASEN-SCHMIELE

— *Deschampsia cespitosa*

Blüte Goldbraun, tuffig-zarte Rispen, von Juni bis August.
Wuchs Horstig, schmale, wintergrüne Blätter, 0,60 bis 1 m hoch.
Im Garten Die Rasen-Schmiele kommt am Naturstandort sowohl auf sonnigen Weiden wie auch vor Gehölzen vor. Deshalb kann sie im Garten für sonnige Staudenbeete bis zu Halbschattenpflanzungen verwendet werden. Wichtig ist, dass der Boden feucht genug und humos ist. Dieses Gras kann großflächig oder als Akzent gepflanzt werden. Schöne Partner sind Große Sterndolde, Akelei oder Große Bibernelle.
Sorten 'Goldschleier' und 'Bronzeschleier' zeigen, wie ihre Namen schon verraten, die Farbnuancen ihrer Herbstfärbung an.

BLAUGRÜNES SCHILLERGRAS

— *Koeleria glauca*

Blüte Hellbraune Blütenbüschel, Juni und Juli.
Wuchs Horstig, 15 bis 40 cm hoch, mit graugrünen Blättern.
Im Garten In der Natur finden wir es auf sandigen Heideflächen und in lichten Kiefernwäldern. Daraus leitet sich ein vollsonniger Gartenstandort in durchlässigen, sandigen Böden ab. Es verträgt auch Trockenheit. Somit passt es wunderbar in Kies- oder Heidegärten und in sonnige Steinanlagen. Am schönsten wirkt es in Gräsertuffs. Oder man kombiniert es mit der eher niedrigwüchsigen Heide-Nelke oder dem Frühlings-Fingerkraut. Wegen seiner Robustheit funktioniert es auch in Trögen und als Dachbegrünung.
Weitere Art Das attraktive Große Schillergras *(Koeleria pyramidata)* bildet lange Ausläufer.

SCHNEEWEISSE HAINSIMSE
— *Luzula nivea*

Blüte Strahlend, an langen Rispen, April / Mai.
Wuchs Lockere, breite Horste, schmale, immergrüne Blätter, 15 bis 30 cm hoch.
Im Garten Dieses in Bergwäldern beheimatete Gras erstaunt mit seinen weißen Blüten. Im Garten sollte es in schattige Partien gepflanzt werden, die es bestens aufhellt. Der Boden darf durchlässig, nährstoffreich und nicht zu trocken sein. Am besten von Vorneherein in größeren Gruppen und zwischen andere Schattenstauden setzen; umso natürlicher wirkt es. Schön in Kombination mit anderen Waldbewohnern wie Farnen oder der Frühlings-Platterbse.
Weitere Art Die Wald-Marbel *(Luzula sylvatica)* ist ein guter Bodendecker und überwächst im Laufe der Zeit durch Ausläufer offenen Boden.

WIMPER-PERLGRAS
— *Melica ciliata*

Blüte Silbrigweiße Wedel, im Mai und Juni.
Wuchs Horstig, bogig-überhängend, kurzlebig, aber starke Versamung, 30 bis 60 cm hoch.
Im Garten Dieses Gras zeichnet sich durch eine frühe Blüte aus, wobei auch die langanhaftenden Samenstände attraktiv sind. Es benötigt einen gut durchlässigen und kalkhaltigen Boden. Um sich langfristig zu erhalten, muss es offene Bereiche in einer Anlage geben, wie in der Steinsteppe oder einem Gravel Garden. Mit der Zeit bilden sich teppichartige Bestände. Wenn dies zu viel sein sollte, muss man pflegerisch eingreifen und es reduzieren. Sehr schön auch zur Dachbegrünung.
Weitere Art Das zauberhafte Einblütige Perlgras *(Melica uniflora)* wächst in schattigen Bereichen und ist zuverlässig horstig.

MOOR-PFEIFENGRAS — *Molinia caerulea*

Blüte Blaugrüne, lockere, bogige Blütenrispen, späte Blüte von August bis Oktober.
Wuchs Horstig, 40 bis 80 cm hoch, schöne Blatthorste, gelbe Herbstfärbung.
Im Garten Das in Riedflächen und Mooren vorkommende Gras benötigt frisch-feuchte Erde, toleriert aber auch normale Gartenböden. Da es nicht zu groß wird, ist es bei zusagendem Standort gut in Staudenbeeten zu verwenden. Wegen seiner späten Blüte und der prächtigen Herbstfärbung ist es ein Highlight ab dem Spätsommer. Es kann einzeln oder in Gruppen gesetzt werden.
Ökologischer Wert Wichtige Schmetterlingsraupen-Futterpflanze.
Weitere Art Das malerische Rohr-Pfeifengras *(Molinia arundinacea)* wird deutlich höher.

ECHTES FEDERGRAS — *Stipa pennata*

Blüte Silbrig flauschige Blütengrannen, Juni bis August.
Wuchs Straff aufrecht, 35 bis 50 cm, kurzlebige Staude, gute Selbstaussaat.
Im Garten Dieses zarte Gras liebt einen nährstoffarmen, durchlässigen Boden. Je sandiger und trockener, desto besser. Staunässe wird nicht vertragen. Im Frühling in größeren Gruppen gepflanzt, bilden sich im Laufe der Zeit dichte Horste. Diese werden durch Selbstaussaat noch verstärkt, solange es offene Stellen im Beet gibt. Deshalb wirkt es sehr schön im Steppen- oder Steingarten. Im Winter stehen lassen, erst im Frühling zurückschneiden.
Weitere Art Das sehr ähnlich aussehende Reiher-Federgras *(Stipa barbata)* ist nicht heimisch.

BERG-LAUCH — *Allium senescens* ssp. *montanum*

Blüte Rosa Halbkugeln, im August/September.
Wuchs Zwiebelpflanze, 20 bis 30 cm hoch; blaugrüne Blätter, immergrün.
Im Garten Dieser recht spät blühende Lauch ist eine tolle Ergänzung im Beet. Mit seinem kompakten Wuchs und dem fast ganzjährig attraktiven Erscheinungsbild kann er gut in den Vordergrund gesetzt werden. Der Boden kann frisch bis trocken sein. Damit findet er sowohl in der Fels-Steppe als auch im warmen Staudenbeet einen Platz. Schön in Kombination mit Gräsern. Sein essbares Laub schmeckt lauchig-pfeffrig aromatisch.
Ökologischer Wert Als Spätblüher wichtige Bienenweide.
Weitere Arten Der weiß blühende Bärlauch *(Allium ursinum)* breitet sich gern aus.

GELBES WINDRÖSCHEN — *Anemone ranunculoides*

Blüte Gelb, im April und Mai.
Wuchs Bodendecker durch Rhizome, 10 bis 30 cm hoch, Blätter ziehen ab Mai ein.
Im Garten Das Gelbe Windröschen wächst in Laubwäldern. Im Garten verwenden wir es unter Gehölzen in humosen, frischen Böden. Es liebt Frühlingssonne, später verträgt es Schatten. Mit der Zeit schließt es teppichartig den Boden. Zusammen mit weißen Busch-Windröschen, Leberblümchen und Lungenkraut ergeben sich bunte Frühjahrsbeete. Da die Blätter sich ab Mai langsam zurückziehen, ist eine Kombination mit spät austreibenden Farnen attraktiv.
Ökologischer Wert Wichtiger Frühjahrsblüher.
Weitere Art Das weiße Busch-Windröschen *(Anemone nemorosa)* hat ähnliche Ansprüche.

DICHTER-NARZISSE
— *Narcissus poeticus recurvus*

Blüte Strahlend weiß mit gelber Krone, relativ spät im Mai, duftend.
Wuchs Zwiebelpflanze, 30 cm hoch, Blätter ziehen nach der Blüte ein.
Im Garten Dichter-Narzissen wachsen am Naturstandort in eher nährstoffreichen Bergwiesen. Deshalb vertragen sie normalen Gartenboden gut und sind bestens für sonnige bis absonnige Staudenbeete, aber auch Wiesen geeignet. In Gruppen pflanzen. Im Laufe der Jahre bilden sich schöne Bestände. Nach der Blüte das vergilbende Laub stehen lassen; es muss sich zurückziehen.
Ökologischer Wert Gute Bienenweide.
Weitere Art Die kleinwüchsige, gelbe Trompeten-Narzisse *(Narcissus pseudonarcissus lobularis)* blüht erst nach einigen Jahren.

☞ WEITERE HEIMISCHE GEOPHYTEN

NAME	BLÜTE	STANDORT	WUCHS
MAIGLÖCKCHEN *Convallaria majalis*	weiß Mai/Juni	Halbschatten Gehölzrand	10 bis 25 cm Ausläufer
HOHLER LERCHENSPORN *Corydalis bulbosa*	weiß bis lila März/April	Halbschatten trocken bis frisch	15 bis 30 cm Ausläufer
SCHACHBRETTBLUME *Fritillaria meleagris*	purpurfarben und weiß April/Mai	Sonne trocken bis frisch	20 bis 30 cm Zwiebel
MÄRZENBECHER *Leucojum vernum*	weiß Februar bis April	Sonne bis Halbschatten feucht	ca. 20 cm Zwiebel
TÜRKENBUND-LILIE *Lilium martagon*	violett Mai bis Juli	Halbschatten trocken bis frisch	50 bis 100 cm Zwiebel

SERVICE

ZUM WEITERLESEN

Aufderheide, Ulrike: **Tiere pflanzen** – Faszinierende Partnerschaften zwischen Pflanzen und Tieren. pala

Kern, Simone: **Mein Garten summt!** Ein Platz für Bienen, Hummeln & Schmetterlinge. Kosmos

Kern, Simone: **Wilde Kübel** – unkompliziert, naturnah, insektenfreundlich. Kosmos

Richard, Peter: **Pflanzenkompositionen für den Naturgarten** – Pflanzenauswahl und Inspirationen für das ganze Jahr. Haupt

Spohn, Margot: **Was blüht denn da?** Kosmos

Steiger, Peter: **Heimische Wildstauden im Garten** – Attraktiv und naturnah gestalten. Ulmer

Witt, Reinhard: **Nachhaltige Pflanzungen und Ansaaten** – Jahrzehnte erfolgreich gärtnern. Dr. Reinhard Witt

Witt, Reinhard: **Naturnahe Rosen.** Band I + II. Dr. Reinhard Witt

NÜTZLICHE ADRESSEN

ORGANISATIONEN, VEREINE UND VERBÄNDE

www.akbw.de

→ Artikel über Natur und Gesundheit: www.akbw.de/download/Landschaftsarchitektentag/Mehrwert-Gesundheit.pdf)

www.bluehende-landschaft.de

www.bund.net

www.kommbio.de

www.nabu.de

www.natur-im-vvw.de

www.naturgarten.org

www.ufz.de

www.wwf.de

→ Artikel über Biodiversität und Klimawandel: www.wwf.de/fileadmin/fm-wwf/Publikationen-PDF/WWF-Report-Artenschutz-in-Zeiten-des-Klimawandels.pdf

GÄRTNEREIEN UND ONLINE-SHOPS FÜR PFLANZEN UND SAATGUT

www.albrechthoch-shop.de

→ Blumenzwiebeln

www.allgäu-stauden.de

→ Bioland-Betrieb für Stauden, Kräuter, Gräser, Farne, Bio-Rosen, Nutzgarten, Blumenzwiebeln, Gehölze

www.arche-noah.at/www.shop.arche-noah.at

→ Gesellschaft für die Erhaltung der Kulturpflanzenvielfalt & ihre Entwicklung, Schaugarten, Bio-Saatgut (Gemüse, Kräuter, Getreide, Blumen) und Blumenzwiebeln

www.bingenheimersaatgut.de

→ Über 350 samenfeste Gemüse-, Kräuter- und Blumen-Sorten an Bio-Samen

www.die-staudengaertnerei.de

→ Stauden, Gräser, Zwiebeln und Knollen

www.gaertnerei-strickler.de

→ Einheimische Wildstauden, Wildsamen, Wildsträucher

www.gaissmayer.de

→ Stauden, Kräuter, Gräser, Farne

www.gewiehs-blumenzwiebeln.de

→ Blumenzwiebeln und Saatgut

www.hof-berggarten.de

→ Wildkräuter, Stauden und Samenmischungen für Blumenwiesen und Naturgärten

www.naturgartenvielfalt.de

→ Wildpflanzensaatgut und Mischungen für Wiesen, Rasen und Säume

www.rieger-hofmann.de

→ Samen und Pflanzen gebietseigener Wildblumen und Wildgräser aus gesicherten Herkünften

www.sarastro-stauden.com

→ Winterharte Blütenstauden, Alpenpflanzen, botanische Seltenheiten

www.stauden-augustin.de

→ Stauden, Bambus, Zubehör

www.stauden-kopf.at

→ Bio-Gärtnerei in Vorarlberg: Stauden, Kräuter, Gräser, Farne, Wasserpflanzen, Einjährige, Rosen, Gehölze, Schling- und Kletterpflanzen, Beerenobst

www.stauden-spatzundfrank.de

→ Über 3000 Arten und Sorten winterharter Stauden

www.syringa-pflanzen.de

→ Duftpflanzen, Kräuter, Blumenzwiebeln und Samen, Kräutergärtnerei mit Schaugarten

SAATGUT-TAUSCHBÖRSEN

www.saatgutkampagne.org

www.saatgut-tauschen.de

www.tauschgarten.de

REGISTER

BILDNACHWEIS

Mit 187 Farbfotos von
Flora Press (9): /Annette Lepple: 59 o.; /BIOSPHOTO: 11 o., 119 u.; /Christine Ann Föll: 46 li.; /GWI: 52 re.; /Hilde Frey: 25 u.re.; /JS Sira: 54 re.; /Melli Freudenberg: 105 o.; /Visions: 46 re.; **GAP Photos** (13): 77 re.; /Fiona Lea: 41 re.; /Howard Rice: 44, 62 li.; /Jan Smith: 41 li.; /John Glover: 61 Mi. re.; /Jonathan Buckley, Design: Carol Klein: 47; /Martin Hughes-Jones: 82/83; /Matt Anker: 2, 34; /Nova Photo Graphik: 97 u.; /Robert Mabic: 55 li., 117 o.; **gartenfoto.at** (6): /Alice Thinschmidt: 27 u., 85 li.; /Daniel Böswirth: 28, 32 o., 49 o.li., 85 Mi.; **Naturfoto Hecker** (19): /Frank Hecker: 15 u., 81 Mi., 89 u., 91 o., 95 o., 112 o., 113 o.; /Heiko Bellmann: 100 o., 103 o., 116 o.; **Simone Kern** (43): 8, 9, 13 li., 13 re., 15 o., 16 re., 17 li., 17 re., 19 li., 19 o.re., 20 o., 20 u., 21, 32 u., 35, 49 u.li., 51 u.li., 52 li., 54 li., 55 re., 67 o.li., 67 Mi.re., 77 li., 78, 79, 81 o., 82, 84, 93 u., 94 o., 94 u., 97 o., 98 u., 99 u.,104 o., 105 u., 107 o., 108 o., 109 u., 110 o., 113 u., 114 u., 121; **Dirk Mann** (3): 25 Mi.re., 71 o.li., 128; **mauritius images** (24): /Alamy/Alexandra Glen: 71 u.re.; /Alamy/Ashley Cooper pics: 69 o.li.; /Alamy/blickwinkel/F. Teigler: 111 o.; /Alamy/Bob Gibbons: 12 re., 16 li., 99 o.; /Alamy/Frank Hecker: 106 o.; /Alamy/Frank Teigler: 120 o.; /Alamy/Keith J Smith: 11 u.; /Alamy/Kiefer: 117 u.; /Alamy/McPhoto/Rolf Mueller: 90 u.; /Alamy/shapencolour: 120 u.; /Alamy/STUDIO75: 61 u.re.; /Garden World Images/Gilles Delacroix: 119 o.; /Garden World Images/GWI/Derek Gould: 118 u.; /Garden World Images/Steffen Hauser: 106 u.; /imageBROKER/Christian Kosanetzky: 27 o.; /Julia Thymia: 67 u., 71 u li., 115 u.; /nature picture library/Alex Hyde: 102 u.; /Pitopia/Brigitte Deus-Neumann: 104 u.; /Trevor Sims: 100 u.; /Westend61/Günter Flegar: 102 o.; **Markus Mauthe** (2): 19 Mi.re., 20 Mi.; **Marianne Majerus Garden Images** (6): 24, 45 o., 51 o.li., 53, 57 Mi.re., 58; **Evi Pelzer** (8): 6/7, 32 Mi., 33, 38 o., 38 Mi., 39, 40 re., 86/87; **Manfred Ruckszio** (1): 83; **Shutterstock** (31): /Amilat: 88 u.; /arazu: 10; /Bildagentur Zoonar GmbH: 112 u.; /Brum: 108 u.; /Ewa.Kwoka.Photography: 12 li.; /Flower_Garden: 109 o.; /galsand: 115 o.; /Gecko1968: 90 o.; /Greens and Blues: 31, 114 o.; /InfoFlowerPlants: 101 o.; /islavicek: 88 o.; /JDziedzic: 15 Mi.; /JUN3: 89 o.; /Klimek Pavol: 71 Mi. re.; /Manfred Ruckszio: 98 o.; /Mariola Anna S: 95 u., 111 u.; /Martin Hibberd: 103 u.; /Miroslav Hlavko: 107 u.; /mizy: 118 o.; /Mr. Meijer: 67 o.re.; /nahhana: 93 o.; /Oleksandr Filatov: 110 u.; /olenaa: 92 u.; /Orest Iyzhechka: 91 u., 96 o.; /Ph_Stephan: 92 o.; /Proshkin Aleksandr: 72/73; /simona flamigni: 116 u.; /Wut_Moppie: 96 u.; **Friedrich Strauss Gartenbildagentur** (5): /Staffler, Martin: 30; /Strauss, Friedrich: 61 o.li., 61 u.li., 85 re.; /Wothe, Konrad: 22/23; **Annette Timmermann** (26): 4, 29, 36, 37 li., 37 re., 38 u., 40 li., 42, 43 li., 43 re., 45 u., 49 Mi.re., 49 u.re., 51 Mi.re., 57 o.li., 57 u.li., 59 u., 62 o.re., 62 u.re., 64, 64/65, 65, 69 Mi.li., 69 o.Mi., 69 o.re., 101 u.;

Mit 1 Farbzeichnung von
www.natur-im-vww.de: 75.

IMPRESSUM

Umschlaggestaltung von Gramisci Editorialdesign/Isabelle Fischer unter Verwendung von 16 Farbfotos von **Flora Press** (7): /Alexandre Petzold: Innenklappe vorne, linke Seite, u.re.; /Barbara Ellger: Innenklappe vorne, linke Seite, o.li.; /FLPA Images of Natur: Innenklappe vorne, linke Seite, o.re.; /GWI: Innenklappe vorne, rechte Seite, u.li.; /Kubacsi: Innenklappe vorne, rechte Seite, o.li.; /Martin Hughes-Jones: Innenklappe vorne, linke Seite, u.li.; /Nathalie Pasquel: Innenklappe vorne, rechte Seite, o.re.; **Getty Images**/Jacky Parker Photography (1): Umschlagvorderseite; **Naturfoto Hecker**/Frank Hecker (5): Innenklappe vorne, linke Seite: Mi.li., Mi.re., Innenklappe vorne, rechte Seite: Mi.li., Mi.re., u.re.; **Dirk Mann** (1): Außenklappe vorne; **Privat** (1): Außenklappe hinten; **Shutterstock**/Romija(1): Umschlagrückseite.

Mit 203 Farbfotos und 1 Farbzeichnung.

Alle Angaben in diesem Buch sind sorgfältig geprüft und geben den neuesten Wissensstand bei der Veröffentlichung wieder. Da sich das Wissen aber laufend in rascher Folge weiterentwickelt und vergrößert, muss jeder Anwender prüfen, ob die Angaben nicht durch neuere Erkenntnisse überholt sind. Dazu muss er zum Beispiel Beipackzettel zu Dünge-, Pflanzenschutz- bzw. Pflanzenpflegemitteln lesen und genau befolgen sowie Gebrauchsanweisungen und Gesetze beachten. Die Blütenfarben sind sortenabhängig, daher können auch Farben auf dem Markt sein, die im Buch nicht genannt werden. Die Blütezeiten sind ebenfalls sortenabhängig, aber auch klima- und standortabhängig. Die angegebenen Wuchshöhen und -breiten der Pflanzen sind Mittelwerte. Sie können je nach Nährstoffgehalt des Bodens variieren. Verschiedene Sorten können deutlich größer oder auch kleiner wachsen als die Art.

Unser gesamtes Programm finden Sie unter **kosmos.de.**
Über Neuigkeiten informieren Sie regelmäßig unsere Newsletter, einfach anmelden unter **kosmos.de/newsletter**

Gedruckt auf umweltfreundlichem Papier, klimaneutral hergestellt.

print 4 climate
klimafreundlich gedruckt

Gedruckt nach der Richtlinie „Druckerzeugnisse" des Österreichischen Umweltzeichens. gugler*print, Melk, UWZ-Nr. 609, www.gugler.at

Sicher. Kreislauffähig. Klimafreundlich.
C2C Certified® SILBER by gugler*
drucksinn.at

ISBN 978-3-440-17336-7
Projektleitung: Carolin Küßner
Redaktion: Carolin Küßner
Bildredaktion: Carolin Küßner
Gestaltungskonzept: Peter Schmidt Group GmbH, Hamburg
Gestaltung und Satz: Katrin Kleinschrot, Stuttgart
Produktion: Klaus Jost
Druck und Bindung: Gugler GmbH, A-Melk/Donau
Printed in Austria / Imprimé in Autriche

Naturnah gärtnern — nachhaltig leben

128 Seiten

Gärtnern mit dem Zufall ist die zeitgemäße Antwort auf die neue Klimasituation. Die faszinierenden Hungerkünstlerpflanzen dieser Gestaltungsart benötigen wenig Wasser und Nährstoffe, vermehren sich ganz natürlich und machen kaum Arbeit. Simone Kern hat viel Erfahrung mit dieser neuen ressourcenschonenden Philosophie und zeigt kreative, ökologische Konzepte für jeden Gartentyp, vom Bauerngarten bis zur Dachterrasse. Im Detail beschreibt sie Planung, Anlage sowie die Pflege naturnaher, trockenheitsresistenter Gärten und gibt Einkaufstipps für geeignete Pflanzen. Ein Buch voller inspirierender Ideen für äußerst attraktive, pflegeleichte Gärten, die sich jedes Jahr aufs Schönste wandeln.

Je heißer und trockener die Sommer werden, desto mehr sind ressourcenschonende Gärten gefragt mit Pflanzen, die wenig Wasser brauchen. Simone Kern stellt die besten Hitzekünstler vor: Stauden, Zwiebelblumen, Sträucher und Bäume für wunderschöne naturnahe Gärten. Sie stammen zum Teil von anderen Kontinenten, sind aber stets pflegeleicht und viele von ihnen auch insektenfreundlich. Inspirierende Gestaltungsvorschläge zeigen die schönsten Kombinationen, begleitet von Einkaufslisten sowie Tipps zu Planung, Anlage und Pflege der Beete. Die zeitgemäße Antwort auf die aktuelle Klimasituation.

128 Seiten

kosmos.de